水西·书系
SHUIXI SHUXI

一个人是千万人的出发点

给学生的建议

陈茂林 著

GEI XUESHENG DE JIANYI

山西出版传媒集团
山西教育出版社

图书在版编目（CIP）数据

给学生的建议/陈茂林著. -- 太原：山西教育出版社，2023.9
（爱的驿站）
ISBN 978-7-5703-3568-8

Ⅰ.①给… Ⅱ.①陈… Ⅲ.①学生生活—文集 Ⅳ.①G635.5-53

中国国家版本馆CIP数据核字(2023)第169079号

给学生的建议
GEI XUESHENG DE JIANYI

责任编辑	樊丽娜
复　　审	刘继安
终　　审	康　健
装帧设计	陈　晓
印装监制	蔡　洁

出版发行　山西出版传媒集团·山西教育出版社
（太原市水西门街馒头巷7号　电话：0351-4729801　邮编：030002）

印　　装	山西人民印刷有限责任公司
开　　本	890×1240　1/32
印　　张	7
字　　数	150千字
版　　次	2023年10月第1版　2023年10月山西第1次印刷
书　　号	ISBN 978-7-5703-3568-8
定　　价	42.00元

如发现印装质量问题，影响阅读，请与出版社联系调换。电话：0351-4729718。

自序

　　写完最后一篇建议，我像做完最后一道试题一样，等待着老师阅卷。

　　在思考、整理建议提纲时，我曾多次把自己拉回到小学、中学乃至大学时代，目的是想从我的学生经历中找到一些可以让同学们借鉴的东西。我惊奇地发现，许多荣光的事情已经淡忘，变得模糊不清，而挫折与失败却记忆犹新，就像发生在昨天。我想不清其中原因何在。有一天，遇到一位业已退休的老同事，说起这件事，他用一个比方说清了其中缘由。他说："一个人吃得饱的事情常常会被忘掉，但饿得饥肠辘辘的事情却能终身不忘。因为吃饱肚子是正常的，受饥挨饿是不正常的。人们对不正常的事往往永远难忘。"他说得有道理。好好学习，健康成长，甚或受到老师夸奖和学校表扬是正常的，也是应该的。正是由于淡忘了，所以没有背着包袱负重前行。而挫折与失败虽然是难免的，也是正常的，但它属于正常中的不正常，常常为人们留下难以忘怀的印象。正是大大小小的挫折与失败，使人们变得聪明，变得坚强，所以才有了"吃一堑，长一智"这一千古永恒的真理。在人生的道路上，挫折与失败可以转化为一种动力、一种智慧，它能激发人们努力向前，走出失败的阴影，去追求灿烂的明天；也能提醒人们不要重蹈覆辙，避免再犯相同或类似的错误。因此，不论挫折与失败是大还是小，都不要苦闷、不要气馁、不要退缩，正确对待它，努力征服它，它就会成为我们最珍贵的精神财富。

在回忆我的学生时代的同时，我也曾努力拉近与现代学生的距离，唯恐年龄成了交流的障碍。为此，我到学校听课，重新体验课堂的感受，参加学校的班会、展览、各种竞赛以及社团活动，感悟同学们的心声，接受同学的采访，并真心交流……我欣喜地发现，我与现代学生在所思所想甚至所为上虽有许多不同,但相同或相近的占多数、是主流。不同的是时代给我造成的局限,相同的是时代发展中我们共同的收获。在许多相同的认识中,出奇一致的是人品——思想意识和道德品质对人的重要性。正如一位高中同学说的那样:"学会做人,是学会学习、学会合作、学会做事的基础。没有这个基础,一切都是虚的、空的、假的。"他的话说出了我写这本书的初衷——高尚的道德品行无论对自己、对家庭、对社会,都是必要的、有益的。

在这本书里,关于学科知识的学习涉及得很少。什么原因?一是学科门类多,知识范围广,唯恐挂一漏万,形成误导;二是学习方法需从个人的实际出发,一种学法不可能适合所有的人,每个人都有自己的学法,任课老师也会根据学科特点和个人实际指导同学们探索并掌握科学的学习方法。在教学方法改革的实践中,大家都赞同这样一个观点："教法的本质是学法。"意思是说，教学方法的本质是在传授知识的过程中教给学生如何学习，让学生学会如何学习。套用这句话，我要说："学法的本质是兴趣。"兴趣是一种积极的情绪，人们一旦对某件事有了兴趣，就会克服一切困难去追求，直到有兴趣的事变成现实。虽然一个人不能仅凭兴趣做事，但是广泛、有益的兴趣是学生时代必须具有的一种品质，从某种意义上说它是学习动力的源泉，是由兴趣逐步发展为志趣、理想的基础。兴趣同时是一种愉悦的体验，人们一旦为做好某件事付出了艰辛，他会忘记艰辛而享受成功的喜悦，长此下去，艰辛便成了正常，兴趣便成了志向。

前不久，收到一本《校园文化选粹记事本》，其内容除了介绍学校的人文景观图片外，还附有同学们从心底流出来的格言、名句，看后，令我深思，让我感动。现抄录两

段,作为这篇小序的结束语:

"我相信,没有糟糕的事情,只有糟糕的心情;只要我们有了好心情,我们就能获得成功。"

"成功的金字塔是行动的基石垒起来的,理想的彼岸是行动的大桥与现实连接起来的。"

爱自己的父母吧,因为那是我们生命的源泉。

理解父母的心吧,因为那是一颗对孩子充满希望的心。

陈茂林

目 录

母亲的心 …………………………………… 1
"报复"惩罚 ………………………………… 3
小桃树怎么死了？ ………………………… 5
磨难是财富 ………………………………… 7
我敢说话了 ………………………………… 9

自信比什么都重要 ………………………… 11
由"开物成务"想到的 …………………… 13
父母给了我姓名 品牌靠自己打造 ……… 15
说说计划 …………………………………… 18
预习与复习一样重要 ……………………… 20

兴趣的力量 ………………………………… 22
时间不等于效率 …………………………… 24
善问是一种美德 …………………………… 26
尽快走出考试失败的阴影 ………………… 28
探究性学习 不要怕出错 ………………… 30

自主学习贵在自主 ………………………… 32
合作学习的基础是自学 …………………… 34
学生也能写论文 …………………………… 36
至少参加一个学生社团 …………………… 38
由一把雨伞想到的 ………………………… 40

- 现代人的能力（一）……………………………… 42
- 现代人的能力（二）……………………………… 44
- 如何评价自己……………………………………… 46
- 怎样评价别人……………………………………… 48
- 正确接受评价……………………………………… 50

- 集体的魅力………………………………………… 52
- 话说表达能力……………………………………… 54
- 再说表达能力……………………………………… 57
- 不盲从……………………………………………… 59
- 勇于承认错误……………………………………… 61

- 勤于思考…………………………………………… 63
- 自己的事自己做…………………………………… 65
- 吃苦不吃亏………………………………………… 67
- 跳起来摘果子……………………………………… 69
- 同窗的友谊………………………………………… 71
- 努力了就不要懊悔………………………………… 73

- 重在参与…………………………………………… 75
- 不要小看写字……………………………………… 77
- 由复旦大学面试招生部分考题想到的…………… 79
- 诚信是金…………………………………………… 82
- 为别人的进步高兴………………………………… 84
- 开卷有益…………………………………………… 86

敢于竞争	88
永远谦虚	90
如何应对唠叨	92
受表扬后不骄傲	94
受批评后不气馁	96

父母也有错的时候	98
老师的严其实是一种爱	100
家贫不必羞	102
把想法大胆说出来	104
学会放松	106

从"不是有意的"说起	108
交朋友的学问	110
再说交朋友的学问	112
三说交朋友的学问	114
切莫心不在焉	116
不要陪读	119

真美在心	121
青春本身就是美	123
尊重异性	125
上网不迷网	127
见多识广说旅游	129
为什么应该孝敬父母	131

- 讲卫生是一种习惯 …………………………… 133
  学会关爱 …………………………………… 135
  与人相处要大度 ……………………………… 137
  同情是一种美德 ……………………………… 139
  善于保护自己 ………………………………… 141

- 作弊是自毁 …………………………………… 143
  趁早锻炼 ……………………………………… 145
  关心环境也是关心自己 ……………………… 147
  切莫忽视这些小事 …………………………… 149
  道歉不耻 ……………………………………… 151

- 每个人都是天才 ……………………………… 153
  放飞想象（一） ……………………………… 155
  放飞想象（二） ……………………………… 157
  关键在于把握现在与将来 …………………… 159
  细节决定成败 ………………………………… 161
  话说冒险 ……………………………………… 163

- 真正的富有 …………………………………… 165
  农民是伟大的 ………………………………… 167
  人要有"弹性" ……………………………… 169
  再说人要有"弹性" ………………………… 171
  法大如天 ……………………………………… 173
  她为什么被提前录取 ………………………… 175

- 粉碎自己 …………………………… 177
- 由"寒号鸟"想到的 ………………… 179
- 不必自卑 …………………………… 181
- 说"人缘" …………………………… 183
- 心烦意乱怎么办 …………………… 185

- 爱心孕育成功 ……………………… 187
- 学会宣泄 …………………………… 189
- 相信自己是聪明的 ………………… 191
- 如何才算聪明 ……………………… 193
- 如何过好休闲时日 ………………… 195

- 父爱母爱都无价 …………………… 198
- 学会思维 …………………………… 200
- 在实践中形成良好的行为习惯 …… 202
- 道德是人生通行证 ………………… 204

母亲的心

理解父母的心吧，因为那是一颗对孩子充满希望的心！

小时候，农村时兴赶庙会，方圆十几二十里，各种名堂的庙会是孩子们嬉戏的极好机会。一次，母亲给了我五百元钱（相当于现在的五元钱），让我和弟弟到三里以外的一个邻村赶庙会。我和弟弟换上当时最好的衣服，高高兴兴地去了。

我们赶到庙会现场时，已经是人山人海了，叫卖声、讨价还价声、互致问候声、调侃吵闹声，好不热闹。不知不觉，到了中午。我和弟弟在一个小饭摊前停下来，一人吃了一个油炸麻糖（类似天津的大麻花），花完了母亲给的钱。下午，看完大戏，趁着天还发亮，我们赶回了家。

到家后，母亲已经做好了晚饭。中午那个麻糖早已消化完了，吃着用小米、面条和萝卜、豆角做成的和子饭分外香甜，边吃边告诉母亲庙会上的新鲜事儿。母亲不动声色地听着我和弟弟的诉说，当知道我们把五百元钱买了麻糖吃后，只是用低得只有她自己才能听清的声音说："就知道吃，没出息！"看着母亲不高兴的脸色，我隐隐约约觉得好像做错了什么，不敢多说话，乖乖地睡觉了。

又过了几天，上学用于写毛笔字的麻纸用完了，老师要求买来补上。回家告诉母亲，母亲没说话，只是面露难色。午饭后，母亲锅碗没洗便匆匆出去了，不一会儿，把五百元钱交给我让买写字用的纸。我想，这一定是母亲向别人借来的。

这天晚上，我睡在床上想了很多：庙会——五百元钱——两个麻糖——麻纸——母亲的话——借钱……思来想去，终于理出一个头绪：母亲给那五百元钱是希望我们能买点学习用品，可是我却用于吃了，难怪母亲说"没出息"。至此，我才理解了母亲的心。

人常说："可怜天下父母心。"父母的心为什么可怜呢？除了真诚、纯洁、伟大、无私等值得崇敬和怜悯外，我以为还有我们做子女的有时候并不完全理解父母的心。我的母亲责怪我"就知道吃，没出息"，是怕我吃吗？不是的。任何一位母亲宁肯自己忍饥挨饿，也要想尽办法让自己的孩子吃饱穿暖。有的父母在孩子犯了过错时怒火中烧，甚至拳脚相加，是他们不爱自己的孩子吗？不是的。恰恰相反，是因为他们太爱自己的孩子了，恨不得自己的孩子马上变成人见人爱、闪闪发光的"钢"。虽然这种爱并不科学，有时候还会伤害孩子，但是，父母的心始终是伟大的。

爱自己的父母吧，因为那是我们生命的源泉。

理解父母的心吧，因为那是一颗对孩子充满希望的心。

"报复"惩罚

面对惩罚，正确的态度应该是不抱怨，不气馁，积极改正错误，发奋向着正确的方向攀登，失去的是缺点，得到的是成长。

我上小学时，写字是必修课，每人每天要交一幅毛笔字，老师像批改作业一样，把写得好的字用红墨水画个圈来表示肯定，以示鼓励。一开始，我写的字多数被红圈包围着，自己高兴，老师也高兴。后来，问题出来了，写字满不在乎，红圈越来越少，甚至一连十几天没有得到一个红圈。

一天中午放学时，老师留住了我，把我写的一叠字往讲桌上一扔，脸色铁青地说："你把这些字一幅一幅贴在墙上，好好看看，是进步了，还是退步了，为什么退步了。"我知道自己错了，不敢说话，按照老师说的，一幅一幅贴好自己的字，并思考着为什么退步了。母亲见我没有回家吃饭，便到学校来找我。隔着窗户看见只有我和老师两个人，知道我"出事"了，悄悄走了。那天中午，我没有吃饭，母亲没有吃饭，老师也没有吃饭。一个人的过错，惩罚了三个人。

自那次惩罚后，我再不敢马虎应付了，并且暗下决心，一定要练好毛笔字，让母亲高兴，让老师满意。此后，我的毛笔字有了很大的进步。果然，小学练习毛笔字使我受益匪浅，为以后奠定了基础，中学、大学，以至于参加工作以后，我也敢拿起毛笔写写画画，有时还为朋友写个条幅，充当书法艺术作品。

人在受到惩罚后，大致有三种态度：第一，消极应付。你说你的，我做我的，全把教育、批评、惩罚当作耳旁风，表面上不说什么，内心里很不服气。结果，缺点、错误依然如故。第二，逆反抵制。本来错了，就是不认账，把说理的批评、善意的惩罚误以为是和自己"过不去"，以牙还牙，以眼还眼，由逆反抵制，发展到矛盾对立。结果，在错误的路上越走越远，少数人甚至走向反面。第三，积极改正。能清醒地认识自己，理智地对待惩罚，并且下决心改正错误，向着更高、更严、更远的目标努力攀登。结果不仅没有失去自尊，而且变得更加成熟，得到的是别人的敬佩与羡慕。

谁都会做错事，谁都可能受到惩罚。面对惩罚，正确的态度应该是不抱怨、不气馁，积极改正错误，发奋向着正确的方向攀登，失去的是缺点，得到的是成长。我把这叫作"报复"惩罚。

小桃树怎么死了？

无论做什么事，都要脚踏实地，循序渐进，切不可操之过急，违背规律。

我的老家在农村，农村的厕所是露天的，每家一厕。厕所是农田肥料的主要来源之一。

一天，突然发现我家厕所旁有一棵小桃树，树干粗粗的，树叶绿绿的，我赶紧拔了小桃树周围的草，用附近能用的材料把它围起来，以示别人：这里有一棵小桃树。放学回家，总要先到厕所旁看看小桃树，看看它长高了没有，又长了几片叶。听大人们说"庄稼一枝花，全凭粪当家"，心想如果给小桃树上肥料，肯定会长得既快又好。于是，我便隔三岔五从厕所掏肥料浇灌小桃树，让它吃饱喝足。但一个月后，小桃树的叶子黄了，像小孩生了病一样萎靡不振。再过几天去看，树叶掉了，树干黄了，小树死了。

小桃树怎么死了？后来听大人说，施肥太多，烧死了。这件事让我很伤心，以至于上课有时还想起小桃树。时至今日，几十年过去了，小桃树的死仍然让我耿耿于怀。

由小桃树的死，让我联想到"拔苗助长"的故事。那个一心想让小苗长得快一点的人把小苗从土里往上拔，表面看是高了，但他伤了小苗的根，不久小苗反而死了。我一心想让小桃树长得快一点，可没想到浇水施肥太多，伤了小树的根，结果也死了。我们俩犯了同样的错误：操之过急，欲速则不达。

由小桃树的死，还让我联想到各种各样的催肥剂、快生素。如果使用不当，同样会走向愿望的反面。

随着年龄的增长，我从小桃树的死悟出一个真谛：按规律做事。对于我们学生来说，规律就是该做什么的时候一定要做什么。比如，学生时期的主要任务是学知识、学做人、学健体，如果不是把精力放在这些事情上，而是心生邪念，想入非非，甚至做一些学生时期本不该做的事，就会走弯路、摔跟头。规律就是客观事物的本质。比如，学习本身既需要刻苦，又需要方法。光凭吃苦而不探索方法，效果不会理想；不想吃苦，耍小聪明，试图侥幸取胜更不可能有好的结果。

所以，无论做什么事都要脚踏实地，循序渐进，切不可操之过急，违背规律。

磨难是财富

"磨难是财富，只有经受并战胜磨难的人才可能走向成功。"

最近看电视，主持人问一位著名画家："你认为人生最大的财富是什么？"画家略加思索后回答："磨难。"这让我想起了小时候的一段往事：

我们当地有一种解决农田施肥的办法：秋收以后，晚上把羊群圈到地里，任由羊群拉屎撒尿，这叫"卧地"。

羊群晚上"卧地"是需要有人守护的，一是防止野狼吃羊，二是驱赶羊群定时更换地方。规模小的羊群设两到三个守护点，规模大的羊群设三到四个守护点，无论规模大小，一般都有两到三只猎狗参与守护。

我在十二岁那年，曾经做过十几天羊群"卧地"的守护人。大人说我小，我的守护点专门安排了一只猎狗。秋天的深夜寒气逼人，虽然穿着当时最御寒的外衣，还有一堆各种柴草燃烧的篝火，但仍然冷气袭人，需要不时地活动筋骨，才能度过漫长的黑夜。野外的晚上充满了恐怖，遇到风吼声、狼叫声，更让人毛骨悚然。抬头望望天空，星星眨巴着眼睛，好像在笑我"胆小"。低头看看猎狗，全神贯注，两耳直立，好像发现了什么情况，更让人心惊胆战。

这段经历虽然很短暂，但是刻骨铭心，让我终生难忘。上中学后，在一次《我最难忘的一件事》自命题作文中，我在结尾时这样写道："那是一次精神与肉体的双重磨难，我第一次体会到了什么是'度日如年'。"

然而，这次经历却在我以后的成长中发挥了作用。生活上遇到困难，想想看守羊群的夜晚，两相一比，简直是小巫见大巫，咬咬牙，挺挺腰，也就过去了。学习、工作上遇到困难，同样会想起那些长夜不眠的晚上，努力努力，请教请教，也过来了。我的体会是：磨难是人生经历中最为珍贵的财富。

人生像道路，平平坦坦，高高低低，坎坎坷坷，曲曲弯弯，有时候还可能遇到凶猛的大河和险峻的高山，不可能始终是平缓笔直的。唐僧不经过九九八十一难，不可能取到真经。那虽然是神话传说，但它告诉我们一个真理：磨难是财富，只有经受并战胜磨难的人才可能走向成功。

我敢说话了

> 充满自信,大胆说出自己的想法;消除顾虑,不要怕说错话。任何人都是从不会说话到学会了说话。

一直到初中二年级,我仍然不敢在大庭广众之下大胆说话,上课不敢主动回答老师的提问,讨论不敢积极发表自己的意见,就连和老师单独接触,也是一问一答,从不敢多说自己的想法。原因有二:一是担心说错了被同学们笑话;二是觉得自己知道就算了,没有必要再说。

一次偶然的机会,让我不得不主动说话。一天下午课外活动时,班主任老师和我说:"咱们班的板报有两个问题需要解决,一是形式不活泼,只有文字,没有插图插画,缺少吸引力;二是内容不贴近实际,书上、报上的多,同学们自己的少,大家不愿意看。你是学习委员,先考虑一个改进方案,我们下星期召开一次会议,专门研究如何搞好我们班的黑板报。"

过了几天,专门研究黑板报的会议召开了,有二十多个同学参加。班主任让我先说说改进黑板报的想法,由于事前有准备,这次发言并不胆怯。我先说了对黑板报形式与内容的改进意见,又提出了按小组轮流定期更换和评比的设想，大约有二十分钟，这是我在众人面前说话时间最长的一次。说完后，同学们进行了补充，班主任老师在充分肯定我的意见的基础上，又吸收其他同学的建议，最后形成了一个改进黑板报的总方案。从这次会议后，我们班办的黑板报既贴近实际，又生动活泼，不仅本班同学爱看，有时还引来其他班的同学参观。

这次会议，是我成长路上的一个转折点——从此以后我敢说话了，无论课堂提问、小组讨论，还是全班大会，有什么想法就想说，也敢说。

也许是班主任老师看到我胆怯，精心安排了这件事，也许是我们班的黑板报真的需要改进。但是，不管怎么说，它成了我敢于大胆说话的一个突破口。

说话是人际交往的主要形式，无论现在在学校还是将来步入社会，都是不可或缺的。要充满自信，大胆说出自己的想法，相信你的想法是会得到别人的赞同的。要消除顾虑，不要怕说错话，你的同学也会说错话，谁都会说错话，任何人都是从不会说话到学会了说话。

自信比什么都重要

自信是力量的源泉、成功的基础，正是有了自信，才会不怕困难、不怕挫折、不怕失败，最后到达光辉的顶点。

一位著名数学家回忆他的成长经历时这样说：上中学时，我对文史课程感兴趣，对数学课兴趣一般，因此数学考试成绩总是平平淡淡。一次闲聊时，数学老师指着我笑容满面地对另一位老师说："这是未来的数学家。"笑容是那么灿烂，语气是那么坚定。或许老师是在鼓励我学好数学，或许老师真的在我身上发现了什么潜能，从此以后，我不仅对数学老师充满了崇敬，而且对学好数学也充满了自信，因为老师说我是未来的数学家。

我敬佩这位数学老师高超的教育艺术，他竟敢用"未来的数学家"鼓励他的学生。但是，让我想的更多的是后来成为数学家的这位同学。这位同学为什么会成为数学家？虽然和数学老师的鼓励有关，但更重要的是自信。他自信能学好数学，他自信会在数学上有所作为，是自信成就了数学家。

由此，我想起了一句谚语："有心走路山成路，无心走路路成山。"意思是说：只要你有心走路，决心向前，即使荆棘丛生、高山峻岭，也会在你的脚下踩出一条道路；如果你无心走路，畏首畏尾，即使有一条平展笔直、坦荡无阻的大路，你也会把它看成高山，不敢向前。这里的"心"就是自信。

由此，我想到了一位心理学专家做的一项实验：他分别暗示一个班的十二个学生说："据我观察，你的智商很好，是很有发展潜力的。"专家的话传到老师和家长那里，老师和家长们相信这些学生具有发展潜力。这些学生相信专家的话，在各个方面都表现得信心十足。一年后，这位心理学家真的来搞测试，这十二个学生的综合表现居然都位居前列。这个实验告诉我们，自信比什么都重要。只有自信，才能对学校开展的一切活动发生兴趣。只有自信，才能藐视困难并战胜困难，从而取得自己想要得到的结果。

自信就是自己相信自己，相信通过自己的努力，能够做好自己应该做好的事情。

自信是力量的源泉。正是有了自信，才调动了自己的所有潜能，从而形成了无法阻挡的力量。

自信是成功的基础。正是有了这个基础，才会不怕困难、不怕挫折、不怕失败，最后到达光辉的顶点。

由"开物成务"想到的

重视非智力因素的培养,让活跃的非智力因素去调动智力因素,让"智商"与"情商"都得到充分开发,这才是打开人类知识宝库大门的"金钥匙"。

《周易》上有一句话叫"开物成务",意思是开启智慧,成就事业。显然,这里的"物"是指智慧,"务"是指事业,是说只有人的智慧得到充分开发,才能事业有成。

智慧就是人的智力因素,也叫"智商",包括观察力、注意力、思维能力、想象力、记忆力。这五种能力一旦充分调动起来,就会迸发出巨大的力量,形成坚定的信念,从而克服一切困难,去实践自己的所思所想,也就是我们常说的"观念决定行动"。

与智力因素有密切关系的是人的非智力因素,也叫"情商",包括兴趣、爱好、情感、意志、毅力、个性、行为、习惯等。智力因素与非智力因素既有明显的区别,又有密切的联系。区别在于除极少数人外,绝大多数人的智力因素基本上是一样的,高低悬殊并不明显;联系在于智力因素虽然每个人都具有,但它本身并没有积极性,每个人智力因素的积极性是靠每个人的非智力因素去调动、去激发的。比如，注意力谁都具有，但只有当他对某件事十分感兴趣、喜欢的时候，他的注意力才会非常集中，否则，他不可能全神贯注。再比如记忆力，只有当他对某件事兴趣很浓、非常爱好的时候，他才会克服一切困难，不怕任何挫折，凭着坚强的意志与毅力永远记住他觉得应该记住的人与事。可见，智力因素是靠非智力因素去调动、去开发的。打个比方，如果智力因素是一个机器，那么非智力因素就是电源，没有电力，再好的机器也运转不起来。如果把智力因素比作一辆汽车，那么非智力因素就是发动机，发动机不运作，车子再漂亮，也只是一个摆设。

由"开物成务"我想到了学习。我们在上学期间设置那么多的课程，开展那么多的活动，一方面是通过教学和实践活动学到知识，增长才干；另一方面是开发智慧，使我们变得更加聪明。但与浩如烟海的知识相比，课本知识只是沧海一粟，它不过是个典型，是个例子。在学好知识的同时，更要紧的是激活自己的非智力因素，让活跃的非智力因素去调动自己的智力因素，让自己的智商与情商都得到充分开发，这才是终身受用的，是打开人类知识宝库大门的"金钥匙"。

我要告诉同学们的是，任何人都要相信自己，相信自己的智商不比别人差，别人能够做到的你一定能够做得到。任何人都要重视非智力因素的培养，使自己具有广泛的兴趣与爱好，具有坚强的意志与毅力，具有良好的行为与习惯，具有健康的情感与性格，这是走向成功的关键。

父母给了我姓名　品牌靠自己打造

思想品德是人的灵魂，是人生品牌的核心；知识能力是做事的资本，是打造人生品牌的基础；身体素质是人的本钱，是打造人生品牌的后盾。

我曾到一所中学参观，校园里有很多出自师生的名言警句。我印象最深的一句是："父母给了我姓名，品牌靠自己打造。"这是一位高中二年级同学的作品。

"品牌"，意思是指某些产品的质量高、信誉度强、影响力大，人们信得过、愿意购买。比如一提到"龙井"，人们会认定是"好茶"；一提到"北京烤鸭"，吃过的人都会说"好吃"；一提"奔驰""宝马"，人们就会说"好车"。这位同学说的"品牌"，是指人的质量，是指人的综合素质、社会贡献以及在众人心里的影响力和信誉度。凡是为社会的发展与进步作出过贡献的人，无论是轰轰烈烈的英雄，还是勤勤恳恳的奉献者，人们都会永远记住他，能够被人们记住的人，自然是品牌。

对于我们学生来说，主要任务是为走向社会打基础，打好思想品德的基础、知识能力的基础、身体素质的基础。

思想品德是人的灵魂，是人生品牌的核心。古今中外有本事的人很多，但是真正能让人们永远记住的是那些品德高尚的人，有才无德的人只能遗臭万年，这样的事例俯拾即是。学校把德育放在首位，就是要让我们做一个有灵魂的人。灵魂好比火车的轨道、飞机的航线，灵魂肮脏，就会迷失方向。所以，对学校开展的德育活动千万轻视不得，而应该积极参与，在各种实践中学会做人，这是打造人生品牌最重要的内容。

知识能力是做事的资本，是打造人生品牌的基础。大家都说"知识就是力量""知识改变命运""知识创造财富"，原因在于只有掌握并运用知识的人才能既改变主观世界，又改变客观世界。知识能力好比买东西时的钱、做饭时的粮，没有钱买不到东西，没有粮做不成饭，没有知识与能力，将会一事无成。虽然掌握知识、锻炼能力并非易事，但是再艰苦也要有决心、有信心，千万松懈不得，更不能放弃。每个同学都应该相信，只要自己努力，别人可以做到的你一定也能做到。

身体素质是人的本钱，是打造人生品牌的后盾。道理很简单，人品再好，知识再多，能力再强，没有一个好的体质，事事力不从心，或者心有余而力不足，前者也就失去了意义。好的身体素质包括两个方面，一方面是体格健壮，抵御疾病的能力强，能够承受学习、工作的压力与负担；另一方面是心理健康，无论顺境与逆境，成功与失败，都能保持清醒的头脑，有一种正常的心态。身体素质好比飞鸟的翅膀、汽车的轮胎，鸟无翅膀飞不起来，车无轮胎难以行走。没有好的体质，打造人生品牌就成了一句空话。

　　父母为我们起了寓意深刻的名字，寄托了无限的希望。但是人生是否精彩，可否成为品牌，全靠我们自己去打造。

说说计划

为漫长的人生道路制订个计划，并按计划做好每件事，这样的人生才是充实而精彩的。学生时期更应制订一个突出重点、关注全面、兼顾特长的计划。

计划就是在行动以前预先拟定的具体内容和步骤，设计好什么时候做什么，达到什么目标。大到一个国家，中到一个单位，小到一个个人，都要有计划，按计划做事。俗话说"吃不穷，穿不穷，计划不周一辈子穷"，可见计划的重要性。

工作有工作计划，生活有生活计划，经济有经济计划，就连老师每个人也都有自己的教学计划。对于我们学生来说，也得有以学习为主要内容的发展计划。有人认为，每天上课、自习、作业、活动，已经安排得满满的了，没有必要也没有时间制订自己的计划。其实，上课、自习、作业、活动……是学校的工作计划，在这个大计划下，还应该有我们自己的具体计划。只有把学校的工作计划与个人的具体计划结合起来，才能心中有数地按照规律主动成长。

学生的计划按时间分，可分为长期、中期、短期三种。长期计划拟定为一个学段或一个学年，确定在这个阶段里要做的主要事情，达到的具体目标；中期计划拟定为一个学年或一个学期，按照长期计划确定的内容，把它具体化、阶段化，分段实现；短期计划拟定为一周或一天，更加具体，更加细致，把要做的事落实到每一周、每一天。

从内容上分，学生计划既要突出重点，又要关注全面，还要兼顾特长。"学生以学为主"，订学习计划是重点：包括学习好的思想品德，学会做人；学习各科知识，学会学习；学习理解他人，学会共处；学习如何运用知识，学会做事。关注全面是指除了学习以外，还要有丰富的课余生活，包括体育锻炼、各种竞赛、课外阅读、旅游参观、调查访问、影视欣赏、发明创造、人际交往……通过这些活动开阔眼界，拓宽思路，向实践、向社会、向他人汲取营养，丰富自己。兼顾特长是说对自己感兴趣的事情，比如体育、文艺、书法、绘画、设计、科技……也要列入计划，按照计划，坚持下去，使自己在某些方面具有特长。

饭要一口一口地吃，路要一步一步地走。人生道路是漫长的，做个计划，按计划做好你要做的事，你的人生必定是充实而精彩的。

预习与复习一样重要

只要你预习了,并且养成了预习的习惯,你就会心中有数,把劲儿使在刀刃上,取得理想的学习成绩。

一位化学老师的教学效果非常突出,连年化学考试成绩在当地总是名列第一。他所带的班级,不仅化学基础好的同学成绩优秀,就连基础较差的同学也都在原先的基础上有了明显提高。问到原因,不善言谈的他只说了四个字:"注重预习。"

说到预习,让我想起了上中学时的情况。我上中学时,各科老师下课时除强调复习以外,还特别告诉下节课讲什么,强调同学们要预习,把不懂的地方画出来。可是不知从什么时候起,也不知道什么原因,不注重预习了。老师不强调预习,同学们自然把精力用在复习上,预习成了学习上的一个"盲区"。

复习是重要的,它是加深理解、巩固记忆的重要环节。所谓"温故知新",是说通过对已学知识的复习,不仅可以加深对原有知识的理解与记忆,而且可以联想、引发出事物发展的趋势,认识知识的来龙去脉与内在联系,理解知识的内在规律和相互联系。预习同样是重要的,古语说的"预则立,不预则废",就是告诉我们,凡做一件事,都要事前谋划,有目的、有准备地去做,否则,就会失败。学习上的预习,就是要知道将要学习什么新的知识,哪些理解了,哪些不懂,不懂的地方正是听课的重点,也是听课的目的。这种有准备、有目的的听课,通常都会取得满意的效果。

预习是在复习的基础上对下一节课要讲授的内容事先浏览一遍,从中发现难点。这样,上课就会做到"有备而来",对于不懂的地方集中精力,重点突破。

军事上讲究"不打无准备之仗",是让战前要充分谋划,既要看到有利的一面,又要看到不利的一面,把困难预计充分、分析透彻,才能取得胜利。学习上也是这样,同样不能打无准备之仗,这个准备就是预习。只要你预习了,并且养成了预习的习惯,你就会心中有数,把劲儿使在刀刃上,取得理想的学习成绩。

兴趣的力量

兴趣是个性的组成部分,是一种克服困难的动力,是一把开启智慧之门的钥匙。只有对兴趣持之以恒、专心致志的人,才能获得学业和事业上的成功。

兴趣是最好的老师,是因为兴趣可以引导我们学到许多未知的知识。兴趣是强大的动力,是因为当你一旦对某些事物产生浓烈的兴趣时,你就会不怕任何险阻,克服一切困难去认识它,接受它。兴趣还是开启智慧之门的钥匙,是因为当你对某些事物发生兴趣时,你就会开动所有的"机器",包括观察力、注意力、思维能力、想象力、记忆力等智力因素以及口、手、眼、脑等器官去思考、去探索,从而使自己变得更加聪明。

有的同学害怕兴趣多了分散精力,因此对课程以外的活动不敢参与;有的家长担心孩子参加与学习无关的活动会影响学习,因此把孩子管得死死的,只能在书本、作业里打转转。其实,这些担心是多余的,也是不科学的。我回忆了我上中学、大学时的同学,发现绝大多数学习优秀的同学都是兴趣、爱好广泛的同学。他们不仅积极参与学校组织的体育、文娱、学生社团活动,而且还主动组织同学们参与他们发起的各种活动,他们的学习成绩不仅没有受到影响,反倒是同年级中的佼佼者。现在想来,是体育活动锻炼了他们的体质,使他们有健壮的身体素质应对繁重的学习;是各种实践活动开阔了他们的视野,拓宽了他们的思路,激活了他们的思维,为他们理解和运用书本知识奠定了基础。总之,是良好的兴趣、爱好造就了他们的优秀。

兴趣是在实践活动中形成的。学过游泳,才知道游泳的乐趣;登过高山,才知道登上顶峰的感受。所以,要使自己成为一个兴趣广泛、丰富多彩的人,就要积极参与各种活动,在活动中激发兴趣、培养兴趣、发展兴趣。

人不能兴趣淡薄或兴趣单一,兴趣淡薄或单一的人视野狭隘、生活单调,时间长了会成为没有活力、缺乏生气的人。而兴趣广泛又要与兴趣中心很好地结合起来,广泛而没有中心,今天喜欢这,明天喜欢那,看似充实精彩,到头来只能是忙忙碌碌,一事无成。只有围绕中心兴趣积极参与各种活动的人,只有对兴趣持之以恒、专心致志的人,才能取得学业和事业上的全面胜利。

兴趣是个性的组成部分,是学习的巨大动力。学习是否努力,兴趣起很大作用,兴趣越大,付出就会越多,而优秀总是属于努力付出的人。

时间不等于效率

集中精力,追求质量,时间才能等于效率。

大家都说"时间就是金钱""时间就是生命",这里突然冒出一个"时间不等于效率",岂不是矛盾吗?其实并不矛盾。

时间是珍贵的,人们常用"一寸光阴一寸金,寸金难买寸光阴"来形容时间比黄金更珍贵。时间对任何人都是公平的,对他是一天,对你也是一天,从不克扣你一分一秒。时间不能转让,不能借用,不能恩赐,谁的就是谁的。时间不能挽留,不能停滞,不能重复,每天的太阳都是新的。这些都是说时间是宝贵的,要爱惜时间。

但是,时间的意义并不在于时间本身,而在于一定时间内的生活、学习、工作质量。不讲质量,等于虚度时光;质量低劣,等于浪费时光;只有高度重视并努力追求质量的人,时间才是金钱、才是生命、才是效率。比如一节课,对谁都是四十五分钟,集中精力,注意听讲,不懂就问,终于获得了新的知识,时间便有了价值。精力分散,昏昏沉沉,白白坐了一节课,时间便毫无意义。

提高效率的唯一办法是精力要集中。无论是上课、做作业、讨论、实验，还是调查、访问、参观以及各种实践活动，都要全力以赴，全神贯注。学习的时候要精力集中地学习，玩耍的时候要痛痛快快地玩耍。只有这样，时间才等于效率。学习是脑力劳动，脑力劳动的一个明显特点是无法监督。体力劳动可以监督，因为眼睛可以看到他出力没出力，认真不认真。脑力劳动无法监督，因为他在脑子里劳动，别人看不见也摸不着。所以，脑力劳动全凭自觉，只有自觉自愿，才能精力集中。

年是由月组成的，月是由天组成的，天是由小时组成的，小时是由分秒组成的，爱惜时间要从一分一秒做起。唯有如此，在期末或毕业的时候，你才会感到学生时代的充实与精彩。

人脑是用不坏的。实验已证明，科学用脑，脑会变得灵活，人会变得聪明。不用脑是一天，用脑也是一天，为什么不天天用脑呢？

善问是一种美德

善问既是一种追求,更是一种美德。人会在善问中变得越来越聪明。

"不耻下问"是流传久远的成语。意思是说,自己不懂的问题要善于向别人请教,即使他年龄比自己小、知识比自己少、职位比自己低,向他求教也不是什么耻辱。

面对浩如烟海的知识世界,任何人都不敢说我什么都懂、什么都会。不懂不会怎么办?向别人请教。这一点对于正在成长的学生尤为重要,因为我们正处于学习知识、认识世界的起始阶段。

我说善问是一种美德是有前提的,这个前提就是善问要建立在独立思考、刻苦钻研的基础上。如果怕吃苦、不动脑,凡事依赖别人,这种"善问"不仅不是美德,而且是一种耻辱,到头来吃亏的只能是自己。学习是必须吃苦的,所以才有了"十年寒窗苦"的说法。但是这种苦不是吃不饱、穿不暖,不是居无定所、无家可归,更不是被人践踏、挨打受骂,而是静下心来,开动脑筋,通过自己的思考与实践,去解决学习上的难点。人的大脑就是供使用的，科学家实验证明，只要科学用脑，大脑便越用越灵活、越用越聪明。相反，如果懒得动脑动手，人就会变得迟钝。

经过自己的努力仍有不懂不会的问题，要善于向老师请教，老师是欢迎自己的学生向他提出问题的，因为"传道、授业、解惑"是老师的职责。对于这样的学生，老师不仅不会歧视，而且会非常喜欢。学生"善问"的主要渠道是老师，要放下包袱，消除顾虑，大胆地向老师请教，这是自己获取知识、增长才干的主要途径。要善于向家长求教，家长同样欢迎自己的孩子提出问题，有条件的家长也会耐心地帮助孩子克服学习上的难点。所有的家长都希望自己的孩子成人成才，他们不会因为孩子遇到困难、提出问题而指责、批评、甚至惩罚孩子。"善问"中最困难的是能不能、敢不敢向自己的同学请教，我的回答是肯定的：既能也敢向同学请教。原因是你有不懂不会的，他也有不懂不会的，互相帮助是十分正常的，自己不懂的地方向同学请教，是诚实、向上的反应，不是无能的表现。如果自欺欺人，不懂装懂，或者受虚荣心的支配掩盖矛盾，结果是问题越积越多，反而拉大了和同学们在学习上的距离。

善问既是一种追求，更是一种美德。人会在善问中变得越来越聪明。

尽快走出考试失败的阴影

聪明的人之所以聪明，是因为他们不怕失败、善于总结、吸取教训，最终走向了成功。

同学们大概都有考试失败的体验，那种滋味真是苦不堪言。有时候是理解偏差，结果文不对题；有时候是记忆不准，结果张冠李戴；有时候是粗心大意，结果忙中出错；有时候是根本不会，结果留了空白。考试过后，家长不问，觉得憋气；问得多了，又觉得烦人。每次考试失败以后，总有那么几天心烦意乱、精神不振，笼罩在失败的阴影里。

做学生期间，各种各样的考试是经常的，也是正常的。考试的目的一是督促同学们重视复习，在理解的基础上巩固、记忆已经学过的知识，并能举一反三，解答有关问题；二是检验同学们在知识上的缺漏，哪些理解并掌握了，哪些不理解、没掌握，对自己也是个提醒。同时，考试对老师来讲也是一个调查研究的过程。老师通过阅卷，可以了解学生对知识的理解、掌握情况，分析老师教学中存在的问题，以便调整教学内容、改进教学方法、更有针对性地加以辅导。

考试失败自然是不愉快的，因为任何人都希望成功。但是，考试总会有失败，有时候严重，有时候轻微。就像打仗一样，所谓"常胜将军"只是一种美好的愿望，能以较小的损失获得全局的胜利就是成功，任何优秀的将军都不可能完美无缺。所以，一旦出现考试失败，头脑要冷静，心态要平和，不必懊恼，更不必气馁，要学会自我暗示和提醒自己，尽快走出失败的阴影。

我说尽快走出考试失败的阴影，并非自己原谅自己，因为事情已经过去，失败已成事实，心烦意乱、苦恼沉闷无济于事。正确的做法应该是冷静下来，认真总结经验教训，想一想失败的原因在哪里。如果是对所学知识不理解而出现差错，在接下来的学习中就要集中精力，深刻理解并把握每一个知识要点；如果是对试题理解不准确出现差错，在以后的考试中就要注意审题，准确把握试题要求；如果是粗心大意而出现差错，在以后的学习、考试、做事、生活中就要认真、耐心，养成严谨、细致的良好习惯。善于总结是非常重要的，无论对于成功与失败，总结都是必不可少的，因为成长过程中的经验教训比一次考试更珍贵。

聪明的人之所以聪明，是因为他们不怕失败、善于总结、吸取教训，最终走向了成功。这就是"失败是成功之母"的真正原因。

探究性学习　不要怕出错

　　探究性学习重过程。在探究性学习中，不要怕出错和失败，通过独立思考学会了思维、找到了方法、增强了自信，是最大的精神财富。

"探究"就是探索追究。通过探究，对不明确的事物或者找到结论，或者找到原因，或者找到解决的办法。

　　探究性学习是指在老师的指导下，对所学的内容独立思考、探索追究，从而找出结论、原因或解决的办法。

　　由探究性学习我想到了勘探。为了查明隐藏的事物或情况，有地质勘探、水文勘探、矿产勘探、大气勘探……勘探是允许失败的，因为对未知事物的认识是需要过程的。在这个过程中，有成功，有失败，都是正常的。有时候，失败的价值甚至超过了成功的价值。因为，正是在总结失败教训的基础上，使人们变得聪明，从而认识事物的本质，找到解决问题的办法。如果第一次勘探失败了就戛然而止，恐怕煤炭和石油依然沉睡在地下，大气的变化规律至今仍然一无所知。前一段在电视中看到，记者问一位外国青年来中国创业为什么失败了？这位外国青年说："不是失败，而是没有成功，是'探路'付出的'学费'，有了付出，我会成功的。"我敬佩这位青年，敬佩他的冷静，敬佩他的勇气，相信他会走向成功。

探究性学习同样允许失败。因为对于我们学生来说，无论课本以内的知识还是课本以外的知识，都是新鲜的未知数。通过自己探究去认识自己原本不认识的事物，自然存在着两种可能：一种是认识了，理解了；另一种是不认识，不理解。所以，在探究性学习过程中，经过自己努力仍然有不认识、不理解的地方，是正常现象，它能启发我们去思考许多问题，总结许多经验教训，进而走向成功。

探究性学习看重的是一种过程，是一种勇气。从这一点说，过程比结果更重要。在探究性学习中，不要怕出错，不要怕失败，通过独立思考学会了思维、找到了方法、增强了自信，这是最大的精神财富。

自主学习贵在自主

只有愿意学、乐意学，视学习为享受的人，才有可能调动所有器官的积极性，攻克学习上的难关。

自主学习就是独立思考，刻苦钻研，通过自己的努力解决学习上的问题。

学习是一种脑力劳动，脑力劳动的特点之一是自觉、主动，只有愿意学、乐意学，视学习为享受的人，才有可能调动所有器官的积极性，攻克学习上的难关。我国的教育是非常重视学习上的自主性的，"师傅领进门，修行靠自身"，说的就是无论学习什么，老师只起一个引领作用，关键要靠自己。可是不知从什么时候起，自主学习的传统被淡化，甚至被遗忘，相当一部分学生依赖老师和家长的思想越来越严重，机械地死记硬背的现象越来越普遍，相当一部分老师忽视学生的内在积极性，把希望寄托在强行的灌输上，注入式、填鸭式的教学方法依然如故。在这种情况下，明确提出自主学习具有很大的现实意义。

自主学习贵在自主。一是在学习的主体上要自主。学生是学习的内因，老师的引导、家长的支持、同学的帮助、学校的条件都是外因。外因的作用虽然非常重要，但关键在内因，只有当内因具有强烈的自觉性、主动性的时候，外因的"助推"作用才能显示出来，否则，再好的外因都是无济于事的。所以，每一个同学都应成为学习的主人，主宰自己的学习。二是在学习的方法上要自主。学习是有方法的，单凭死记硬背不会取得理想的学习效果。虽然学习方法因人而异，各不相同，但科学的学习方法都是建立在正确思维这一基础之上的。因此，学会思维是掌握科学的学习方法的前提。古人说："为学之道，必本于思。"这个"思"，就是对学习上的问题，在已有知识和老师的引导下进行分析、综合、判断、推理的认识过程；通过思维，获得了新的知识，有了解决问题的办法。杜威说："学校所能做或需要做的一切，就是培养学生思维的能力。"可见思维是极其重要的。三是在学习的时间上要自主。自主学习时间就是要做时间的主人，能够科学地支配时间。如果在学习时间上是被动的，别人推一推自己动一动，甚至有时候推而不动，那就成了时间的奴隶，而不是主人。主人就要自己把握时间，该做什么的时候就做什么，课堂上集中精力参与，下课后专心致志完成作业，活动时全身心投入，一旦养成了习惯，你就会觉得科学支配时间就像吃饭、睡觉、玩耍一样，简直是一种享受。

合作学习的基础是自学

合作学习的基础是自学。学生在自学时应把握好以下几点：一是重视预习，找出难点；二是认真复习，提出问题；三是善于倾听，勇于发言。这样的合作学习定能让学生增长见识，有所收获。

合作学习主要是指学生与老师、学生与学生之间的合作，同时也包括学生与家长之间的合作。

合作学习是双方或多方的，每一方都要付出，每一方也都会有收获。

合作学习的现实意义是学习，长远意义是一种超前的实践活动，通过合作学习，为学生将来进入社会后与人合作、共事，锻炼能力，积累经验，奠定基础。

合作学习的基础是自学。对于自学不要迷信，不要以为成年人才能自学，学生阅历浅、知识少不可能自学。其实，学生同样可以，并应该自学，不过应把握好以下三个环节：一是预习。不要忽视预习，预习与复习一样重要。如果说复习是课后的总结，那么预习则是课前的准备。复习是梳理、巩固知识，预习是寻找已知与未知的联系，为参与课堂教学做好准备。通过预习，知道哪些自己是理解的，哪些自己还不理解，不理解的地方是学习中的难点，也是合作学习的重点。这样，带着问题参与课堂教学活动，合作学习就会有话可说，有感而发。二是复习。课后复习、完成作业，这是多数同学知道做也已经做了的事。我要说的是课后复习、完成作业只算一部分，另一部分是发现新的问题，这才是复习和做作业的高级阶段。在复习和完成作业的过程中不要就事论事，依葫芦画瓢，而应该思考：为什么是这样？还有没有新的解释？能否使用另一种解决问题的办法？如果能把自己在复习中的所思所想记下来，带到下一次学习活动中，合作学习必然会引申一步。三是善于倾听，勇于发言。互相讨论、研究是合作学习的主要形式，它是通过语言进行交流的。因此，合作学习中，要善于倾听别人的主要观点是什么，为什么是这样的观点？同时要勤于思考自己有什么想法，如何表达自己的想法？在倾听、思考的基础上，要勇于发表自己的意见，即使和别人的不一样，也要敢于表达出来。这样，合作学习就会有交流、有沟通、有争论，"理越辩越明"，大家都会在合作学习中增长见识，有所收获。

学生也能写论文

学生写论文的目的是重在参与。如果能在学生时代就有讨论、研究的意识，养成讨论、研究的习惯，那对一生的发展都是有益的。

山西省大同同煤集团第一中学，从 2002 年起，每年在学生中开展一次论文竞赛活动，集中反映同学们在研究性学习中的成果，通过评审，把优秀论文汇集成册，起名为《扬帆》。

校长见我既惊喜又好奇，专门送我一套《扬帆》。我几乎是一口气看完了目录，内容涉及各个方面，在《科学实验》栏目里，有《全球武器发展评析》《火箭发动机与其飞行的关系》《太阳能转化利用报告》《教室日光灯的科学配置》等。《关注环境》栏目里，有《汽车·环境·未来》《心情与环境》《垃圾箱新设计》等。在《感触生活》栏目里，有《中学生睡眠时间报告》《课外补课情况调查》《学校存车棚问题研究》等。在《学法研究》栏目里，有《影响学习成绩因素调查》《对文理分科的研究》等。在《心理健康》栏目里，有《性格与成长》《考试心理研究》《关于自制力》等。在《思想探究》栏目里，有《"早恋"问题研究报告》《上网的利与弊》《音乐与人们生活的调查》等。

仅就这些文章的题目就强烈地吸引了我，仔细阅读后，大有后生可畏之感。同学们的论文有论点，有论据，更重要的是有自己的看法，还有解决问题的办法。尽管有的论文显得稚嫩，甚至非常幼稚，但那是出自中学生之手，是经过调查研究、深思熟虑的成果，谁敢说这里面没有蕴藏着文学家、科学家？每篇学生论文后面还附有指导老师的点评，切中要害的评述、热情洋溢的激励，让我看到了老师们的良苦用心与负责精神。

对写论文，既不要过分神秘，也不要以为简单。所谓论文，就是讨论或研究某个问题的文章。对象是问题，通过集体讨论或个人研究，运用推理、判断、归纳等方法，最后形成一个结论。讨论、研究是重点，任何论文都是建立在讨论和研究的基础之上的。

学生写论文的目的是重在参与。虽然也要追求质量，力争有所发现，有所创新，但重点是参与。从某种意义上说，过程比结果更重要。如果能在学生时代就有讨论、研究的意识，养成讨论、研究的习惯，那对他一生的发展都是有益的。

学生也能写论文，关键在于主动参与。

至少参加一个学生社团

参加学生社团活动，可以让你的想法得到实践、让你的长处得到展现、让你的不足得到弥补，这就是锻炼。所有的人都是在锻炼中成长起来的。

有人告诉我，一个考入大学的学生，入学时兴高采烈，但是没过多久便无精打采。原因是同宿舍的五位同学纷纷报名参加了学校的各种社团，唯独她没有报名。她也想参加社团活动，可是看看各个社团的介绍，她动摇了、退却了，因为她在中学时从来没有参加过什么学生社团，心中无数，所以不敢报名。为此，她苦闷、伤心、自卑，甚至产生过退学的想法。

为了提高学生的整体素质，特别是为培养有特长的学生创造条件，许多学校都创办了各种各样的学生社团，比如文学、艺术、体育、科技、环保、人文民俗等。学生社团由兴趣爱好相同或相近的学生自发组成，聘请指导教师，制定章程，明确规定社团的宗旨、成员的条件、权利和义务，以及社团活动的时间、地点等。我在一所中学看到，全校两千多名学生，学生社团就有三十多个，几乎每个学生都要参加一个社团，少数学生还有参加两个或三个的。为了引导学生社团活动健康发展,这所中学专门制定了《关于学生社团活动的若干规定》,在指导教师、活动经费、活动地点等方面都给予大力支持。

学生社团是自我管理、自我教育、自主成长的好形式。在学生社团里,每个同学的聪明才智都可以得到充分发挥,每个同学又可以从其他同学那里得到收获。在指导教师的引导下,亲自参与,动手动脑,往往会学到课堂上学不到的东西。一个刚毕业的同学参加工作后,正逢单位召开元旦联欢会,这个同学当了主持人,主持得生动、活泼、潇洒、自如。一问才知道,他在学校就是文艺社团的积极分子,经常主持节目。你看,这种能力单凭书本是学不到的,只有亲自参与了、实践了,才能做到。

参加学生社团活动的目的重在过程,在参与的过程中,你的想法可以得到实践,你的长处可以得到展现,你的不足可以得到弥补,这就是锻炼。所有的人都是在锻炼中成长起来的。所以,我建议同学们至少参加一个学生社团,只要你热心参与了,一定会有所收获。

由一把雨伞想到的

创造发明既是一种挑战，也是一种追求，还是一种享受。客观世界正是在接连不断的创造发明中才变得越来越美丽、越来越现代。

一个小学三年级学生，自己改造的一把雨伞获得学校一年一度的"创造奖"。老师介绍说：一天早上到校时，风雨交加，这个学生打开的雨伞不时被大风吹得东倒西歪，结果还是淋了一身雨。中午回到家里，这个学生找来妈妈的剪子，在雨伞的上面剪了三个小圆洞，又剪了三小块布半缝在圆洞上。下午上学时，仍然又下雨又刮风，这个学生撑开改造后的雨伞，这下好了，风一吹，从半开的小圆洞走了，雨伞不摇不晃，平平稳稳，雨点还打不到身上。这一年学校举办创造发明展览，这个学生给自己的雨伞起了个"防风避雨伞"的名字，经过评比，一致认为有创意，很实用，所以得了"创造奖"。

我在为这所学校重视学生的创造发明，努力为学生的创造发明搭建舞台、创造条件而高兴的同时，想的更多的是学生应不应和能不能进行创造发明？长期以来，创造发明理所当然是大人的事，学生正处于学习阶段，不应该把精力用在创造发明上，学生也搞不了创造发明，这是相当一部分人的观点。我以为，这种传统观念应该改变，学生应该参与创造发明活动，也能够搞创造发明。

任何创造发明都是以现实生活为基础的。在现实生活中，通过不断实践，终于找到了事物之间的相互关系，发现了规律，于是，一项造福于人类的创造发明便诞生了。飞机的出现，是受鸟在天空自由飞翔的启发；火车的出现，是受水蒸气冲击壶盖的启发；人的蛙泳，是受青蛙游泳的启发；钟表的出现，是受漏斗计时的启发……可见，现实的生活实际是创造发明的源泉。我们生活在现实中，谁都可以搞创造发明，谁也能够搞创造发明。

创造发明既是一种挑战，也是一种追求，还是一种享受。客观世界正是在接连不断的创造发明中才变得越来越美丽、越来越现代。人类如果没有创造发明，我们的生活是无法想象的。

学生参与创造发明的目的不在结果，而在过程。在动脑、动手的过程中受到启发，学会想象，获得灵感，体验挫折，经受锻炼，从而形成一种敢于追求、敢于挑战、敢于创造的意识。有了这种意识，就为以后的生活、学习、工作奠定了基础，未来的路一定会走得铿锵有力，未来的生活一定会更加丰富多彩。

现代人的能力（一）

会学习、会做事、会共处、会生存，是作为一个现代人最主要、最基本的能力。

"学会求知，学会做事，学会共处，学会生存"，是21世纪联合国教科文组织国际教育委员会提出的新的教育理念。会学习、会做事、会共处、会生存，是作为一个现代人最主要、最基本的能力。

会学习是社会发展的趋势，不会学习的人，将会像不会吃饭一样无法生存。现代社会的突出标志是知识与信息起着引领作用，所以才有了"知识经济""信息时代"的说法。与之相适应，有识之士早就发出了"终身学习"的呼唤。会学习既包括态度，又包括方法。无论学生还是成人，最重要的是把握好以下四点：第一，主动学习。知识是客观存在的，信息是公开的，只有主动学习的人才能学到知识、把握信息。"知识改变命运""信息就是财富"二句，既说明知识、信息的重要性，又说明只有主动与勤奋才能改变命运、创造财富。学习成绩的好坏，根本原因不在智商，而在态度。所谓"有志者事竟成"，就是说只要积极主动、勤奋刻苦，就一定会成为学习的主人。第二，虚心学习。知识是无穷的，信息是变化的。任何人都有长处，值得学习；任何人都有短处，必须学习。所以，虚心不仅是一种品德，也是一种方法。要虚心地向书本学习、向他人学习、向实践学习，在不断学习中成长。"谦受益，满招损"深刻而简明地告诉我们：谦虚获得益处，自满必然受到损失。第三，科学学习。学习是有方法的，只有刻苦加上科学，才能取得好的效果。比如记忆，死记硬背是机械的，只有理解以后的记忆才是灵活的和永恒的。再比如抓重点，不分轻重缓急，眉毛胡子一把抓，学到的知识是零乱的，只有善于归纳，才能抓住重点。学习方法的改进主要靠实践，失败—成功—再失败—再成功，直到最后找到了规律，掌握了科学的学习方法。第四，在实践中学习。实践既是检验真理的标准，又是知识的源泉。一个成功的人除了重视向书本学习以外，还应十分重视在实践中学习。学生时期的综合实践、社团活动、自主探究、专题讨论等，都属于实践，只有积极参与，才能学到真知。

学会做事对学生来说主要是为以后的就业做准备。眼下，学习是学生最重要的事，学知识、学做人、长能力，为以后做事打好基础。同时，要留心观察父母、老师、亲朋、同学是如何做事的，学习他们好的做法，耳濡目染地丰富自己。对家庭的事、班集体的事、老师交给的事以及同学的事，只要自己应该也有能力做的，都要积极去做，在做的过程中锻炼自己做事的能力。

现代人的能力（二）

生存的能力并不完全是从书本上学来的，归根到底需要在学习、生活的实践中养成，需要从小培养。

会共处是现代人必不可少的能力。因为现代社会的一个突出特点是分工越来越细，而协作越来越多，大到一项重大科技成果的出现，小到一个人获得成功，都是在个人努力的基础上相互协作的结果，天马行空、独来独往，是不可能有所作为的。

尊重是共处的基础，只有尊重别人，才能得到别人的尊重，人与人之间的共处才能是真诚的。所以，学会共处首先要从尊重别人开始，在家要尊重父母长辈，在学校要尊重所有老师，在班级要尊重每个同学，在社会上要尊重认识或不认识的每一个人，彼此相互尊重，共处才能和谐。共处还需要理解，理解就是换位思考，凡事既要站在自己的位置上想，也要站在对方的位置上想，想一想对方为什么要这样说、这样做，只要有道理，就要尊重对方的意见。真正做到理解他人是非常困难的，因为它不仅需要宽容，有时还需要放弃，放弃自己的意见，甚至放弃自己的利益。对于同学们来说，理解他人首先要从理解父母和老师开始，理解他们的良苦用心，理解他们的辛苦劳累，从他们的鼓励中听出希望，从他们的批评中悟出善意。同时，还要理解自己的同学，理解他们的真诚，理解他们的友情，既为他们的成功高兴，又为他们的失败同情，这种理解基础上的友情才是真诚和牢固的。

学会生存对许多同学来说似乎不是问题，谁不会生存？生存还需要学习吗？其实这是一种只看到眼前而没有看到长远的"近视思维"，也是许多家长在家庭教育上走入误区的结果。生存不仅仅是有饭吃、有衣穿，它的深层次含义是能够适应生活、挑战现实、创造财富、服务社会。

在人生的道路上，并不都是平坦通途、满地鲜花，有时也会有崎岖险峰、荆棘挡道。面对顺利与成功有如何生存的问题，面对困难与失败更有如何生存的问题。所以要及早理解人生、规划人生，从现在起就要学习生存，自己的事自己做，不要依赖别人，培养独立的生活能力。要不怕困难，培养战胜困难的勇气。要正确对待失败，善于总结经验教训，培养耐挫折的能力。要冷静对待成功，始终保持一个清醒的头脑，培养谦虚谨慎的意志品质。生存的能力并不完全是从书本上学来的，归根到底需要在学习、生活的实践中养成，需要从小培养。不要怕吃苦，今天的苦正是为了明天的甜。

如何评价自己

评价的目的在于促进发展。因此,要以平静的心态,客观、准确、勇敢地评价自己。

随着社会的进步,评价已经成了促进发展的一个重要手段。在学校,校长、老师、同学都要进行自我评价,也要接受别人的评价。评价的目的在于促进发展。

学生评价的目的、意义、内容、方法,学校都会作出明确、详细的规定,我这里说的如何评价自己,主要是说要以平静的心态、正确的态度进行自我评价。

正确认识自己既是重要的又是困难的,而自我评价最基本的一条就是要正确认识自己。俗话说:"人贵有自知之明。"一方面是说"自知之明"的重要性;另一方面则是说"自知之明"的困难度。自我评价首先要正确认识自己,要敢于肯定自己的优点,善于肯定自己有待发掘的优势,特别是要勤于总结阶段性的收获。因为对于成长中的学生来说,优点总是主要的,每个人身上都潜藏着可贵的优势,每个阶段都在发生着可喜的变化。及时肯定这些,是自信的表现,也是激发自信的动力源泉。同时,自我评价还应看到自己的差距与不足，因为对于任何人来说，都有优点也有缺点，有优势也有劣势。世界上没有"完美无缺"的人。及时认识自己的差距与不足，不是懦弱，而是坚强；不是愚昧，而是聪明。大凡成长迅速、事业有成的人，除了充满自信和最大限度地发挥自身的优势以外，还有他们敢于承认自己的差距与不足，并且努力加以改进。

其实，最能全面认识自己的莫过于自己。对自己的优点、缺点，长处、短处，进步了还是退步了，具有什么潜能……自己都是清清楚楚、明明白白的。但是有的人为什么不能直面自己，自我评价时又躲躲闪闪呢？原因在于缺乏勇气。所以，自我评价还需要勇气，要勇敢地面对自己、大胆地剖析自己。对于成长中的学生，更要打消顾虑，因为学生还处于成长发展中，有优点、缺点甚至错误，有进步、停步甚至退步，都是正常的。你清醒地认识了，勇敢地评价了，是走向成熟的表现；不是羞耻，而是勇敢；失去的是毛病，得到的是进步。

在人的一生中，诚实是极其重要的品质。学习要诚实，不诚实，靠投机取巧，只能是一无所获。工作要诚实，不诚实，靠弄虚作假，只能是一败涂地。做人要诚实，不诚实，靠坑蒙拐骗，只能是孤家寡人。而自我评价，恰恰是诚实的试金石。客观、准确、勇敢地评价自己，是诚实的表现。如果你能做到这一点，必将得到老师和同学们的尊重。

怎样评价别人

评价别人时，首先要看到别人的优点、长处与进步；评价别人时，要抓住重点；真诚是评价别人时应有的态度。

在评价过程中，除了自我评价外，老师还要评价其他老师和学生，学生还要评价老师和其他同学。怎样评价别人呢？最重要的是要把握好以下三点：

第一，要看到别人的优点、长处与进步，这是老师的主流，也是学生的主流。认识这些，充分肯定这些，是评价的主要目的，因为评价就是为了肯定成绩，增强信心，继续向着更高目标努力。同时，也要准确指出别人的差距与不足，诚恳地提出改进的建议。认识这些，明确指出这些，是评价的另一个主要目的。因为评价就是为了明确问题、看到差距，以便采取措施、克服缺点、缩小差距。评价别人时，做到这一条对别人是帮助，对自己也是提高。因为能看到别人的优点与缺点，实际上就是一种学习，说明你学到了别人的优点，汲取了别人的教训，这就是提高。

第二，评价别人时，要抓住重点，只说主要的，不要眉毛胡子一把抓、芝麻西瓜一起捡。特别是对于别人存在的问题、差距与不足，更要说主要的，抓住重点。什么是重点？就是足以影响发展而又经常表现出来的。比如品德是做人的基础，自信是成功的基础，团结是合作的基础，刻苦是收获的基础，锻炼是健康的基础……抓住了重点，评价就会产生巨大的推动力，从而促进发展。

第三，真诚是评价别人时应有的态度，也是评价过程中应有的品德要求。评价的目的是互相帮助，共同成长，只有出于善意，客观地评价别人，才能产生好的效果。其中，客观地作出评价才是真诚的体现。什么是客观？不依赖主观意志而存在的就是客观。什么是客观评价？按照事物的原本面目去认识，不加个人偏见的评说就是客观评价。因此，评价别人时切忌无中生有、道听途说、捕风捉影，更不能因为有过小的矛盾与摩擦而计较恩怨、借机报复，在评价别人时搬弄是非、添油加醋。自评和他评是一种极好的实践活动，通过自评和他评学习理解人、尊重人，进而学会共处与合作。自评和他评还是一种极好的学习机会，知道自己与别人的长处，看到自己与别人的不足，进而发挥优势、克服劣势，更好地成长。在真诚的前提下，评价别人还要讲究艺术，这种艺术主要表现在说话上。在表述时，要让别人能够接受、乐意接受。

正确接受评价

接受别人对自己的评价，是对思维与意志品质的锻炼，是对心理素质的锻炼。因此，在成长过程中要正确接受别人的评价。

接受别人对自己的评价，不仅是一种思维与意志品质的锻炼，还是一种心理素质的锻炼。因此，在评价过程中，一定要重视接受评价这一环节，并把它看作是锻炼成长的一个重要过程。

要理解和尊重别人的评价意见。通常情况下，绝大多数人的绝大多数评价意见是客观、公正的，是出于关心、爱护与帮助的。理解是基础，就像你评价别人一样，常常是在反复思考以后才决定说什么和如何说，是基于师生情谊、同学友谊去评价老师和同学的，那么，老师和同学也是这样去评价你的。人常说"旁观者清"，就是说老师和同学对你的评价是站在"旁观者"的立场上，因此会更客观、更准确。理解了，就要发自内心地感谢别人、尊重别人，这才是世界上最聪明的人。

在接受别人评价时要虚心，这不仅是评价过程中应该遵循的一条基本原则，而且是青年学生应有的道德修养。听到优点、成绩、进步时，不忘乎所以；听到缺点、差距、不足时，不垂头丧气。聪明的人都懂得："成绩不说跑不了，问题不说不得了。"为什么不得了？讳疾忌医，听不得别人的意见，时间长了，小毛病就会变成大毛病。"虚心使人进步，骄傲使人落后。"不仅评价时要虚心，人的一生任何时候都要力戒骄傲，永远虚心。

正确接受评价说起来容易做起来难，难在什么地方？一是难在正确对待优点与缺点上，它需要心态平静、头脑清醒，不为优点而飘飘然，不为缺点而失去自信。要做到这一点，需要信念支撑，需要意志强化。二是难在如何发扬优点克服缺点上，它需要周密的计划、坚强的毅力。评价只是一种手段，目的在于促进发展。如果相互说一说就完了，仅仅停留在口头上，而没有落实到行动上，那是形式主义、走了过场，是自欺欺人、害人害己。所以，评价中要把如何坚持和发扬优点、如何改进和克服缺点作为重点，通过评价提高自己，促进发展。为了实现这一目的，一方面要靠老师的引导，靠家长的支持，靠同学的帮助；另一方面主要靠自己，靠自己清醒的认识和不懈的努力。

集体的魅力

如果说我们是一粒种子，那么班集体就是一块肥沃的土地。种子是离不开土地的，好好珍惜、爱护自己拥有的土地吧！这里是我们开花、结果、收获的地方！

每个人都生活在集体中，离开集体，将会像鱼儿离开水一样无法生存。

学生有很多集体，家庭集体、小组集体、班级集体、社团集体、学校集体……但学生时期的重要集体是班集体。小学生要在一个班里度过六年，初中和高中学生要在一个班里分别度过三年。六年或三年在历史的长河中不过是短短的一瞬间，但对一个人来说却是不短的，尤其对学生来说更是重要的，因为这是成长发育、接受启蒙最重要的时期。

人在集体里会有一种归属感，就像回到了自己的家，让人感到温馨、可靠、安全。这是因为集体成员之间相互关爱，彼此帮助。人在集体里会有一种成就感，就像自己获得了重大成绩一样，同伴有了进步兴高采烈，集体受到表扬兴奋不已。这是因为个人是集体的一员,个人是随着集体的进步而成长的。

与其他集体相比,班集体有着自己的鲜明特点,更具有感人的魅力。一群学生组成的班集体,天真、活泼、单纯、幼稚,好好学习、健康成长的共同使命把几十颗幼小的心紧紧联系在一起,班里总是朝气蓬勃。在这里,每个人都感受着班主任和任课老师的呵护与关爱,虽然有时候老师也会生气、也会批评,甚至惩戒,但那是善意的,是为了学生剪除成长中不应有的枝枝杈杈。在这里,每个人都体验着集体的友情与温暖,虽然有时候也会发生矛盾、出现冲突,但那不过是大河奔流中不时泛起的几朵浪花,不会影响茁壮成长的集体。正因为如此,所以许多人对学生时期的班集体留下了无法抹去的美好回忆,不管时间过去了多久,他们对班主任老师总是难以忘怀,对朝夕相处的同学总是念念不忘。

集体是可爱的,班集体更具有特殊的魅力。爱集体就是爱自己,因为我们是集体的一员,是随着集体的成长而成长的。

如果说我们是一粒种子,那么班集体就是一块肥沃的土地。种子是离不开土地的,好好珍惜、爱护自己拥有的土地吧!这里是我们开花、结果、收获的地方!

话说表达能力

表达能力在人的各种能力中可以说是第一能力。缺乏表达能力或者表达能力低下，就不能顺利交往。

表达能力在人的各种能力中我以为是第一能力。道理很简单，一个人无论做什么事，总要和人交往。现在学习，要和老师、同学交往；将来工作，要和领导、同事交往；即使在家里，也要和家人交往。交往过程中，要说明自己的所思所想，要表明自己的喜怒哀乐，这就需要表达能力。尤其在现代社会，分工越来越细，协作越来越多，你可以埋头工作，但绝对不可能没有协作。因为没有协作，你的工作情况不会被别人理解，你的工作成果也不会被转化为更大的社会财富。而协作的过程就是交往的过程，通过交往，或者说服别人接受，或者说服别人放弃。可见，缺乏表达能力，或者表达能力低下，是不可能顺利交往的，从而也达不到协作的目的。

一个人的表达能力主要包括口头、文字、表情、体态四个方面。

口头表达就是通过口头语言说明自己的观点，表达自己的感情，阐明自己的想法。这是最直接、最经常的表达方式。客观准确，说明思维深刻；简明扼要，说明抓住了重点；有条有理，说明思路清晰；简捷明了，说明思维敏捷；诙谐幽默，说明富于智慧……良好的口头表达能力，不仅可以淋漓尽致地表达自己的思想，而且可以让人心悦诚服地接受自己的观点。因此，一定要重视口头表达能力，在实践中锻炼，在锻炼中提高。

文字表达就是通过书面的形式表达自己的所思所想。学生时期的作文、日记、心得、实验报告、考试答题等，实际上就是一种文字表达能力的训练。将来走向社会后，调查报告、工作总结、工作计划、请示汇报等，更是不可或缺的。虽然文字表达是在相对宽裕的时间里完成的，但是同样需要准确、简明、条理、通俗，同样需要下一番功夫，尤其要通过作文、日记、周记等锻炼自己的书面表达能力。

表情是无声的语言。人的面部表情反映人的内心世界，喜怒哀乐，赞扬什么，反对什么，都可以通过面部表情让别人心领神会。双目圆睁表示愤怒，嘴巴大张表示吃惊，眉头紧锁表示忧愁，两眼微闭表示深思……不要小看表情表达能力，有时候它的作用甚至超过了口头和文字表达的效果。"此时无声胜有声"虽然是说琵琶曲调的感染力，但是人的表情在特定的情况下同样具有强烈的震撼力。

体态是一种特殊的表达方式。紧握拳头表示决心，两手摊开表示无奈，挥手向前表示前进，双膝下跪表示屈服，步伐急促表示焦虑，信步走来表示悠闲，昂首挺胸表示自信，食指中指竖起表示胜利,不断摇头表示不满,频频点头表示赞同……特殊情况下,体态这一无声语言同样可以表达人的内心世界,如果既有身体动作又有口头语言,简直是一种艺术表现,一定会收到满意的效果。

再说表达能力

提高表达能力的根本是从人品做起，而诚实守信又是做人的基础。

表达能力是一个人综合素质的外在表现。首先，它反映在知识的占有量上。通常情况下，占有的知识越多，表达能力就越强。否则，说东东不知，说西西不知，表达能力便无从说起。其次，表达能力是观察、倾听、分析、判断、归纳的结果。不观察，看不到问题；不会观察，角度错位，长的看成短的，方的看成圆的，表达必然错误。倾听是有学问的，有的人听别人的话抓不住要点，表达起来必然肤浅；有的人抓住只言片语便发表议论，必然片面。分析、判断、归纳属于思维，是把看到、听到的东西在大脑里加工，经过思维，然后再表达出来。害怕吃苦，不动脑筋，只能是鹦鹉学舌，人云亦云。所以，提高表达能力不能就事论事，而应该从各个方面做起，特别是要养成善于学习、勤于思考的习惯，这是表达能力的基础。

表达能力的本质特征是人的世界观、人生观、价值观的反映。真善美与假恶丑是客观存在的，但是立场不同，观点就截然相反。《人民日报》曾刊发了一篇《不以荣为荣，不以耻为耻》的文章，就深刻地批判了某些现象。比如，把热爱祖国视为"假做作"，把服务群众视为"爱逞能"，把崇尚科学视为"书呆子"，把辛勤劳动视为"没本事"，把团结互助视为"冒傻气"，把诚实守信视为"不开窍"，把艰苦奋斗视为"老保守"……相反，把危害祖国说成"斗士"，把背离人民说成"本事"，把愚昧无知说成"时尚"，把好逸恶劳说成"潇洒"，把损人利己说成"能耐"，把见利忘义说成"聪明"，把违法乱纪说成"勇敢"，把骄奢淫逸说成"荣耀"……可见，"言为心声"，一个人的语言是他真实思想的反映。具有正确的世界观、人生观、价值观的人，能客观、准确地表达自己的观点，他的话人们爱听，表达能力就有了积极的意义；而世界观、人生观、价值观模糊、灰暗的人，就会颠倒是非，把黑的说成白的，把白的说成黑的，这样的表达能力消极、滑稽，是瓦解人们斗志、腐蚀人们心灵的毒剂。

提高表达能力的根本是从人品做起，而诚实守信又是做人的基础。诚实守信的人，说话诚实，言行一致，表里如一，让人觉得可信、可靠、可交；不诚实的人，夸夸其谈，口是心非，言行不一，让人觉得可怕、可恶、可恨。人们常用"掷地有声""语言铿锵"来形容说到做到、诚实守信的人；人们也常用"语言的巨人，行动的矮子"来形容言行不一、不守信用的人。所以，想的要和说的一样，说的要和做的一样，想的、说的、做的完全一致，才是表达能力的真实内涵。

不盲从

> 盲从，就是不思考、人云亦云。长时间的盲从会形成错误的观念，导致错误的行为。成长中的学生要不盲从，敢直言。

所谓盲从，就是不思考、人云亦云，严重时甚至跟着别人乱起哄、做坏事。盲从的危害是显而易见的，轻则随着别人说，跟着别人跑，结果无所作为；重则被人利用，当"枪"使，有的铸成大错，有的走向犯罪。

盲从的原因大致有二：一是好坏不辨，是非不分；二是碍于面子，随波逐流。找到了原因，如何做到不盲从也就有了办法。

凡事都要开动脑筋，独立思考，想一想是什么、为什么、怎么办，这是不盲从的前提条件。真善美与假恶丑是客观存在的，有着公认的评价标准，真的就是真的，不会因为你说它是假的就变成假的。

社会需要创造型人才，同学们也都希望自己成为创造型人才。如何才能成为创造型人才呢？条件有道德要求、知识要求、能力要求、体质要求，但是，最重要的是要有独立思考、敢于求新、不怕挫折、坚持不懈的意志品质。有了这种品质，才会严于律己，刻苦钻研，按照事物的本质规律去学习、去思考、去交流、去实践，从而使自己成为有所作为的创造型人才。

有的人盲从是碍于面子，为了搞好关系，不伤和气，于是便跟着别人的话往上爬，不管黑白，别人说黑他说黑，别人说白他说白。其实这是毫无原则的，其目的在于讨好别人，满足自己。如果老师错了依然盲从，那不是真正的师生关系；如果同学错了依然盲从，那不是友善的同学关系；如果父母错了依然盲从，那不是理智的亲情关系。这些盲从，只能是一损俱损，表面上一团和气，相安无事，实质上伤害了老师、同学和父母，自然也伤害了自己。如果长时间盲从而不自省，甚至暗暗得意，就可能在习惯性的盲从中形成一种错误的观念，从而引发错误的行为，那将是对盲从的惩罚。

《论语》上说"君子坦荡荡"。什么是君子？君子就是人格高尚的人。什么是坦荡荡？坦荡荡就是心胸宽广、敢于直言。愿同学们都成为人格高尚的人，不盲从，敢直言，按照科学规律，在求异、求新中成长。

勇于承认错误

有了错误不承认错误，不改正错误，只能在错误的路上越滑越远，到头来酿成更大的错误。

一位哲人说过，世界上只有两种人不犯错误，一种是还没有生下来的人，一种是已经死去的人。可见，凡是人都会犯错误，无论从事什么工作，无论职位多高，说错话、做错事都是可能的。

中小学生处在成长发育阶段，犯错误是难免的。问题在于有了错误怎么办？一种是承认错误，改正错误；一种是明明犯了错误，但是不敢承认错误。两种态度，出现两样结果：前者进步了，后者踏步不前，甚至倒退。

有了错误而不敢承认错误可能有三种原因：第一，不知道自己错了，所以不承认；第二，知道错了，不敢承认，怕遭到冷遇，丢了面子；第三，犯了错误后心理压力过大，顾虑过多，怕批评，怕惩罚，怕处分。现实中，第一种情况是少数，大量的是第二、第三种情况。那么，承认错误会不会丢了面子、失去尊严呢？我的回答是：不会的。一位老师曾经向我讲述了他自己的一个真实故事：一天，他批评了一个学生，后来发现批评错了。第二天上课时，他当着全班同学的面，公开承认自己错了，并向那个同学道歉。结果，得到的是全班同学热烈而长时间的掌声。这位老师告诉我：从那以后，他发现同学们对他更亲近、更尊重了。你看，同学们对老师勇于承认错误的行为是报之于敬佩、尊重，那么我们勇于承认错误得到的必然也是敬佩与尊重。

犯了错理应受到批评甚至惩罚，但批评、惩罚并非目的，目的在于教育，在于认识错误、改正错误、健康成长。不承认错误是不是就不会受到批评或者惩罚？恰恰相反，拒不认错可能受到更严厉的批评或惩罚。应该知道，老师和家长是允许孩子犯错误的，因为他们深知没有不犯错误的人。所以，有了错误要勇于承认，相信老师和家长是会冷静、理智对待的。

有了错误与患了疾病一样，如果有了疾病而讳疾忌医，不看医生，不对症治疗，小病会演变为大病。有了错误不承认错误，不改正错误，只能在错误的路上越滑越远，到头来酿成更大的错误。

聪明的人与愚昧的人有许多不同，但是最难能可贵的一点是：聪明的人有了错误勇于认错、改错，所以他们成功了；而愚昧的人有了错误遮遮掩掩，自欺欺人，所以他们不仅无所作为，而且许多人因此遭到惨败。

勤于思考

思考是学习最基本且必需的环节。如果没有这个环节,就不会获得良好的学习效果。

一位博士生学习非常刻苦。一天,导师问他:"今天上午做什么了?"博士答道:"做实验。""下午呢?""做实验。"导师有点焦急,又问道:"晚上呢?"博士说:"做实验。"导师满脸不高兴地说:"什么时候思考?"一天到晚做实验反而受了批评,原因在哪里?这位导师是世界著名教授,他的批评自然有他的道理。

读罢这个故事,让我想起了一句古训,叫作"为学之道,必本于思"。意思是说,学习的本质与规律,在于思考。孔子对学习与思考的关系说得更深刻、透彻。他说,"学而不思则罔,思而不学则殆",意思是说,只读书而不思考,就会受蒙蔽;只冥思苦想而不读书,就会疑惑而无所得。可见,思考是学习最基本且必需的环节,没有这个环节,犹如有米而无火,是做不成饭的。思考的过程,就是消化、理解的过程。比如上课,是在老师的启发、引导下学习知识。课后复习、做作业,更需要思考,对学到的各个概念、公式、定律进行消化、理解,不光要知道是什么，还要知道为什么和怎么办。如果不进行思考、囫囵吞枣、死记硬背，背离了学习的基本要求，是不会取得良好的学习效果的。许多学习成绩优秀的同学之所以优秀，窍门就在于他们勤于思考，经过消化、理解，把书本知识变成了自己的知识，记得准、记得活、会运用。

人的大脑不是容器而是"工厂"，是充满智慧的特殊工厂。外界事物反映进大脑后，首先要进行加工，哪些是好的，哪些是不好的，哪些是有用的，哪些是无用的，哪些应该记住，哪些应该忘掉……正是通过不断思考，人才变得越来越智慧，越来越聪明。如果把大脑看作是一个容器，企图通过死记硬背强行往里面装知识，那是装不进去的，即使装进去了也不会停留很长时间便会忘掉。

大量实践证明：只要科学用脑，大脑是用不坏的，反而会越用越灵活，越用越聪明。如果得过且过，懒于思考，时间长了大脑会变得迟钝，甚至演变到愚蠢。

自己的事自己做

　　不要忽视本该自己去做的那些生活小事，许多事虽小，但那是生活的必需、交往的必需，是做大事的基础。

"自己的事自己做"好像是个没有必要谈论的话题，谁不知道自己的事自己做？可是现实中的确存在着许多自己的事自己不做的现象。比如，起床由父母叫，被子由父母叠，吃饭由父母催，做作业由父母陪，衣服由父母洗。有的同学甚至学习用品由父母整理，学习计划由父母安排，查阅资料由父母代劳，社会实践由父母作陪，手工制作由父母代替。更有甚者，吃饭不知道自己端饭，吃完不知道自己洗碗，来了客人父母不提醒不知道主动问好，客人要走父母没要求不知道主动送客。至于一些常规的礼貌行为，比如表示谢意、表示歉意、表示友好、表示礼让……大人不提醒，相当一部分同学从来不曾主动过。凡此种种都说明，相当一部分同学并不认为这些事是自己的、应该自己去做，自己的事自己不做已经到了不以为然的地步。

　　强调自己的事自己做是为了培养自理的能力，养成自理的习惯，为将来自主、自强打基础。其实人一出生就有自理的天性，比如刚出生就知道寻找母乳吸奶，放进水里会挣扎怕沉下去，学步时摔倒了会自己爬起来，第一次上学知道自己背书包……但是随着时间的推移，原本属于自己的事却不去做了，这是为什么？一是父母娇惯，二是自己依赖。父母娇惯可以理解，自己依赖却需要引起重视。因为依赖的结果往往会害了自己，如果衣来伸手，饭来张口，事事依赖父母，时间长了不仅会养成懒惰的坏毛病，而且由于缺乏锻炼，一旦离开父母便束手无策，不知道如何应对生活。

报纸上曾说过，一个高中毕业生升入大学后，因为生活不能自理，不得不让母亲到他上学的地方租房照料。另一个刚考入大学的同学因为缺乏独立生活的能力，再加上思念父母心切，最终放弃了大学生活。

所以，不要忽视本该自己去做的那些生活小事，许多事虽小，但那是生活的必需、交往的必需，是做大事的基础。如果连自己的事都懒得去做，很难去为别人做事；如果小事都做不了，很难成就大事。

从现在起，自己的事要自己做。

吃苦不吃亏

吃苦是一种境界，一种追求。只要肯吃苦，就会有收获，请记住：吃苦不吃亏！

"苦"是为了做好某一件事所付出的代价，诸如饥饿、疲劳、汗水、磨难、伤害、炎热、寒冷、烦恼、伤痛、挫折、担心、恐惧、孤独等，既有肉体上的，又有精神上的。

吃苦是一种境界，一种追求。实际上，凡是要做成或做好一件事，就必须有所付出。这种付出有时候是觉察不到的，有时候是刻骨铭心的，这便是苦。比如，登山要经受疲劳、汗水、危险、高山缺氧呼吸困难的苦，游泳要经受喝水、呛水的苦，学习要经受苦思冥想、反复思考的苦……正是经受了这些苦，付出了代价，才登上了山顶，学会了游泳，获得了知识。人类社会的文明与进步，正是人类付出了代价的结果。所以，吃苦是一种境界，一种追求，一种被人们称颂的美德。当然，也有人回避苦，怕吃苦。结果，怕吃苦却吃了亏，只能是碌碌终身，一事无成。

有一首歌叫作《痛并快乐着》，客观地道出了苦与甜的辩证关系，苦中蕴藏着甜，苦后是一种享受。当你经过努力解了一道数学题，写出一篇好作文，求证了一个定理或公式，考出了好成绩，所有的苦都值得，留下的是享受。一位医生经过精心诊治，解除了病人的痛苦，得到的是享受。一位科学家经过精心的研究，一项发明问世了，得到的是享受。一位运动员经过勤奋锻炼，取得了最好成绩，得到的是享受……吃苦不吃亏，得到的是享受。

　　正像"种瓜得瓜，种豆得豆"只是一般规律一样，在特殊情形下，有时候吃了苦不一定都能得到甜。比如，运动员训练很吃苦，但比赛时不是都能拿冠军；研究人员很吃苦，但不是所有研究人员都能取得影响世界的研究成果；老师工作很辛苦，但不是所有学生都能取得骄人的成绩……尤其是学生时期的学习，也不是单靠吃苦就能取得优秀的成绩，因为还有方法。如果方法不科学，不符合甚至背离了求知的规律，单凭吃苦是不够的。但是，绝不能因为有时候吃了苦却得不到甜而不吃苦，那是"一朝被蛇咬，十年怕井绳"的逃避思想，挫折和失败并不会因为你的逃避而远离你，恰恰相反，它越会"欺负"你。正确的态度应该是愈挫愈勇，坚持不懈，只要你肯吃苦，就会有收获，请记住：吃苦不吃亏！

跳起来摘果子

跳起来摘果子是建立在自信的基础之上的，相信自己跳起来能够摘到果子，常常自己给自己加压，自己为自己加油。

"跳起来摘果子"是说要想得到够不着的果子，必须跳起来摘。我这里说的是做人、做事、做学问，必须跳起来才能不断向上。

学习是件非常艰苦的事，因为所学知识对学生来说都是未知，要把未知变成已知，这就是困难，必须吃苦，跳起来摘果子。学习上的困难有时候大，有时候小，就像树上的果子一样，有的长得高，有的长得低。一般来说，对于小困难容易克服，也愿意克服。关键在于大困难，比如对于某些概念虽经多次讲解仍不理解，对于某些学科因为遭遇挫折而失去信心……静下心来想一想，困难是客观存在的，对任何人都是公平的。为什么有的人学习优秀？是因为人家战胜了困难。所以，既不要埋怨学习难，也不要埋怨自己笨，而要跳起来摘果子，跳就是克服困难，跳的过程就是战胜困难的过程。克服和战胜困难首先要立足自我，经过自己的努力去获取知识。同时包括虚心向老师、家长和同学请教，巧借外力战胜困难。

创造型人才的一个显著特点是不安于现状，敢于求新、求异。而跳起来摘果子正是创造型人才的必备条件。试想，如果书上怎么说自己也怎么说，别人怎么做自己也怎么做，那么科学如何发展？社会如何进步？发明如何出现？许多人有一种安于现状的惰性，在他们看来，"上游受累，下游受罪，中游万岁"，所以不前不后，甘居中游。事实上，在竞争日益激烈的现代社会，不进则退。如果安于现状，甘居中游，到头来只会被滚滚向前的历史潮流所淘汰。学生时期是精力旺盛、充满幻想的时期，要有克服困难的勇气，养成跳起来摘果子的习惯，凡事不轻言放弃，不轻易退却。只有现在锤炼并养成坚忍的意志品质，将来才能适应各种困难与挑战。

跳起来摘果子是建立在自信的基础之上的，相信自己跳起来能够摘到果子，常常自己给自己加压，自己为自己加油。成绩面前不骄傲，永远谦虚，是一种优秀的品质；失败面前不气馁，永不言败，也是一种优秀的品质。这些品质都要从跳起来摘果子做起，并且永远如此。

同窗的友谊

　　同学关系是人生最重要的人际关系，同窗友谊是人生最纯洁而又真诚的友谊。请珍惜同窗友谊吧。

　　一次高中聚会，把我拉回到了学生时代：同学们相见，有的相互喊着当年的绰号，有的相互揭着当年的短处，不管你从事什么工作，也不管你当过什么领导，那种场面与气氛绝对是平等的，同窗的友谊纯洁而又真诚。

　　我常想，同窗的友谊为什么那样深厚，让人终生难忘呢？原因在于享受着同样的阳光，接受着同样的师爱，吸收着同样的营养。正是这些因素，把单纯的心紧紧凝结在一起，铸成了终身的友谊。

　　小学生在一间教室要相处六年，初中和高中学生在一个集体要相伴三年至六年。三年或六年在人的一生中并不算太长，但是对于中小学生来说却是至关重要的。天真、幼稚、纯洁、向善的学生犹如一张白纸，老师可以画出美丽的图画，同学之间相互学习、相互鼓励，也可以在画上添枝加叶，使它更加靓丽。

　　同学们在一起，一人有了进步大家会高兴，一人受到批评大家会难过，一人有了困难大家会帮助，这是什么？是友谊，是同窗的友谊。班级获得荣誉同学们会兴奋不已，班级受到挫折同学们会伤心落泪，这是什么？是友谊，是用友谊的心维护集体的花。同学们都知道，只有每一个同学都积极上进，才能形成一个朝气蓬勃的班集体。而一个富有朝气的班集体才是自己不断向上的基础，茁壮成长的土壤。

同学们在一起，既互相竞争，又互相学习，而竞争的实质是学习。富于幻想、好胜心强的中小学生是不甘落后的，谁也想受到老师的表扬，谁也想成为同伴的榜样。正因为这样，每个人从受表扬的同学那里都可以受到鼓舞，获得力量；每个人从受表扬的同学那里又可以学习到东西，提高自己。仔细审视一下自己，在成长的道路上除了家长、老师的作用，还有同学的作用，每个人都从同学那里学习和吸收了许多受益终身的优点。这就是友谊，是一种两小无猜、耳濡目染的友谊。

同学关系是人生最重要的人际关系，同窗友谊是人生最纯洁的友谊。好好珍惜同窗友谊吧，这对走好以后的路大有好处。

努力了就不要懊悔

尽力了而没有取得理想结果不必懊悔，应该为努力而自慰。

邻居的小孩正在上初中，父母说孩子非常用功，常常是不催促不休息。虽然学习任务很重，但是走路、说话、做事仍然迸发着少年的天真与活力。不过最近几天我发现这个孩子显得懊丧，走路无精打采，说话有气无力。一个双休日，我小心翼翼地问道："最近有什么不高兴的事吗？"他难为情地告诉我："期中考试数学没考好，学校运动会上最有把握得名次的跳高比赛也名落孙山。"看得出，他非常懊悔。

经过努力，实现了愿望，这是一般规律。但是生活中也常常出现与此相反的结果，不仅没有达到预期的目标，还可能出现更糟糕的情况。比如，学习上大家都很努力，谁也想取得好的考试成绩，但是总会遇到自己不理解的试题，或者出现意外差错。运动员训练都很刻苦，谁都想在比赛中取得好的名次，但是冠军只有一个，有时候甚至出现比赛成绩还不如训练成绩的情况。歌咏比赛大家都很用力，谁也想唱出好的效果，但是往往用力过大反而唱不好，甚至唱走了调。学习游泳大家都小心翼翼，尽心尽力，但是初学者常常在手忙脚乱中出现差错，甚至呛水、喝水……所有这些都说明，在特定情况下，经过努力并不一定都能事遂人愿。经过努力没有取得预期效果的原因是多方面的，除了是否符合事物的客观规律这一根本原因以外，心理因素起着决定性的作用。有时候为了做好某一件事，压力过大，心理紧张，知道的反而忘记了，熟悉的反而变得生疏，脑子变成空白，动作出现变形，结果失败了。有时候想得过多、过细，甚至多余，本想精益求精，结果弄巧成拙，最终导致失败。可见，有时候的失败并不在于不努力，而在于心理素质。

我说"努力了就不要懊悔"不是消极回避，而是说懊悔是无用的。重要的是遭遇挫折或失败之后要总结经验教训，知道原因何在，这是逐渐成熟并走向成功的必备品质。

尽力了而没有取得理想结果不必懊悔，应该为努力而自慰。

重在参与

学生应积极、主动地参与课堂教学以外的各种实践活动，通过参与，可以联络感情，增进友谊，沟通信息，促进发展。

"重在参与"是奥林匹克运动的宗旨，意为与竞赛名次相比，更重视参与。通过参与，联络感情，增进友谊，沟通信息，促进发展。我这里说的"重在参与"，是指同学们要积极、主动地参与课堂教学以外的各种实践活动。

班级是学生发展成长的基地，班主任和任课老师会组织各种活动，同学们自己也会发起各种活动，诸如主题班会、兴趣活动、各种竞赛、调查访问、参观游览以及出墙报、养花草、做值日、搞卫生等。对于这些活动，同学们都要主动参与，在参与中合作，在参与中学习。也许你对有些活动并不擅长，但是没有关系，只要你参与了，在参与中观察、倾听、思考，你就会增长知识，得到锻炼，有所收获。

随着素质教育的深入推进，学校会组织各种活动，诸如运动会、报告会、科技节、艺术节、小发明、小论文、特长展示、演讲比赛、文娱晚会等。除此之外，还有各种各样的学生社团，诸如文学社、研究会、歌咏队、美术协会、运动协会、自行车爱好者协会等。学校开展的各种活动是课堂教学的延伸，是开阔视野、拓宽思路的重要途径。通过参与这些活动，不仅可以增长知识，而且可以培养自己的合作、交往能力，激发竞争意识，为升入高一级学校或走向社会打下一定的基础。学生社团是同学们按照兴趣、爱好、志向组织起来的，热心参与不仅可以满足兴趣的需求，而且可以充分展示特长，张扬个性，增强自信，提高综合素质。

综合社会实践活动已经列入中小学教学计划，说明积极参与社会实践活动对于正在成长中的学生是非常必要和重要的。因此，要主动参与社区服务、公益劳动、爱心活动以及学校组织的各种社会实践活动。通过各种各样的社会实践活动，不仅可以学到书本上学不到的知识，而且有利于接触社会、了解社会、回报社会，有利于在实践中识别真善美与假恶丑，从而培养自己的忧患意识和负责精神。

在家里，要自觉参与家务劳动，不仅自己的事自己做，而且要帮助父母做一些必要的家务，比如购物、洗菜、洗碗、洗衣服、扫地、端饭、叠被等。这些事虽小，但意义重大，主动承担家务，反映了对父母的感恩，说明拥有善心。古训说："一屋不扫，何以扫天下？"意思是说：连家里的小事都不愿意去做，怎么可能去做天下的大事呢？所以，要主动参与家务劳动，从家里的事做起，进而做好社会上的事；从小事做起，进而做好大事。

不要小看写字

不要小看写字,趁着自己还年轻,赶快练习写字吧。规范、漂亮的字,将会使你受益一生的。

现在,许多同学忽视写字,作业、作文、试卷的字写得歪七扭八,横不平,竖不直,撇不像撇,捺不像捺。一位语文老师忧心忡忡地说:"现在,百分之九十以上的孩子毛笔字不会写,硬笔字写不好。如果再不重视,我们的书法瑰宝将有灭顶之灾。"

我国的书法原本是伟大的东方艺术,但是经过两次重大冲击以后,古老的书法艺术面临着严峻的挑战。一次是钢笔(亦称水笔,后来又有铅笔、圆珠笔)的出现,由于携带方便,易于书写,毛笔书写退居次要位置。好在有识之士创立了硬笔书法,其美、其秀可以和毛笔书法并驾齐驱。一次是电脑的出现,由于点击就可以书写,硬笔书写又退居次要位置。当前的状况是:相当一部分成年人不用硬笔,更不用毛笔,而是在电脑上写作。中小学生的写字又没有被高度重视,所以写字的状况就更令人担忧。

优秀的传统与先进的现代并不矛盾。传统是现代的基础,现代是传统的延伸。正像有了汽车还需要双腿、需要走路一样,不能因为有了汽车而不要双腿，不要步行。书写作为人们交往的基本形式，即使在网络时代也是必需的，将会长期存在。

有人说，字是人的第二张脸。脸是重要的，可见字的重要性。据报载：一位女生到一家外资企业应聘，一路过关斩将都很顺利。最后，对方让她抄写一段报纸，这位女生慌了，因为她虽然有大学学历，但字写得很差。后来，她没有被录用，原因很可能是字拖了后腿。某市一位著名语文老师透露，2005年高考满分的一篇作文，很大程度得益于字写得漂亮。

练字的最好时机是中小学阶段，到了大学，特别是到了成年人时期，写字定型了，虽然还可以改进，但改起来非常困难。练习写字还是一种综合训练：写字需要观察，有利于培养观察能力；写字需要精力集中，有利于培养注意能力；写字需要耐心，有利于培养意志、毅力；写字需要布局规划，有利于培养审美能力。练习写字的过程，也是陶冶情操和提高自身素养的过程。

不要小看写字，趁着自己还年轻，赶快练习写字吧。规范、漂亮的字，将会使你受益一生的。

由复旦大学面试招生部分考题想到的

> 学习是一种生活，其目的是为了创造更美好的生活。所以，学生时代绝不能封闭自己、脱离生活，而应该融入社会生活，自觉参与各种社会实践活动。

新华网曾刊发了复旦大学招生面试的部分考题，看后，让人觉得前所未有，耳目一新。兴奋之余，想的更多的还是我们的学校教育。

在复旦大学本次面试招生的部分考题中，相当一部分是日常生活的内容。比如：描述你所希望的大学生活的一天；说说对社会上乞讨者的看法；评价你校交响乐团成员；在一分钟内列举这瓶水的用途；你对"安乐死"有何看法？为何我们要禁止"安乐死"？请为你眼前的这个闹钟估价；请列举钟有哪些用途；请说出你父母的生日；三轮车有几个主轮？哪几个？说明生活中的三角形物体；你觉得地球上怎么会产生生命……所有这些，都是生活中最普通的常识，但是如果一头扎在书本里，整天忙碌于家庭、学校"两点一线"上，即使考试分数再高，恐怕对这些问题也难以作出准确回答。考题中还有体现时代特点、充分展示想象力的内容。比如,讨论一下《无极》《一个馒头引发的血案》给网络生活带来的启示;如果你是校长,会如何激发学生的创新能力;简述你理想中的宇宙……如果没有一定的网络知识,把自己紧紧绑在课本上,死记硬背,缺乏想象,成了"考试的机器,分数的奴隶",回答这些问题也是很困难的。为了考查学生关心国家大事的程度和知识的广度,考题中还列举了一些最普通的应知应会的政治内容。比如,说出全国政协常委委员名字;说出现任复旦大学校长的名字;"两会"是哪两会;简述无罪推定和有罪推定……如果把自己封闭起来,不关心时事,成了"书呆子",不了解这些问题,自然也回答不了这些问题。当然,考题中也有知识的内容,但是这些考题不是简单的知识搬家,而是把重点放在分析问题、解决问题的能力上,放在独立思考、求异创新的思维能力上。比如,请谈一下数学今后的发展方向,用阿拉伯数字算24点……由你选一个话题阐述一番。这些问题,单凭书本知识是不够的,只有结合实际、灵活运用,才能作出满意的回答。

由此我想到了学习。掌握知识是学生时期的主要任务,同学们都在为占有更多的知识努力着,拼搏着。大家都说"知识就是财富""知识改变命运"。但是,只有当能够灵活运用知识的时候才能创造财富,只有当创造了财富的时候才能改变命运。如果只是死记硬背的机械记忆、囫囵吞枣的机械应试、不敢创新的循规蹈矩,知识就变不成财富,命运就只能依旧。

由此我想到了生活。所谓生活,就是人或生物为了生存与发展而进行各种活动,比如政治生活、日常生活等。学习是一种生活，其目的是为了创造更美好的生活。既然如此，学生时代绝不能封闭自己、脱离生活，而应该融入社会生活，自觉参与各种社会实践活动。只有接触社会、了解社会，才能热爱社会、回报社会。

诚信是金

　　有人说：诚信是金。金是最珍贵的东西，诚信是最可贵的品质。做人最重要的是诚实守信。

　　有一次到商店购物，我递过一百元人民币，营业员先用双手拽一拽，后又举起对着光亮照一照，检验这一百元是真的还是假的。站在一旁的我，憋了一肚子的气，好像人格受到了侮辱。好在商店里人来人往，憋着的气没有冒出来。

　　回家路上，冷静了许多，这也不能怪人家营业员，因为出现过假币。正像人们购物时担心买到假的一样，因为有假货存在。想到这里，气也就没有了。

　　由此，我想到了诚信。有人说：诚信是金。金是最珍贵的东西，诚信是最可贵的品质。做人最重要的是诚实守信。

　　中国人是十分重视诚信的，早在两千多年前，孔子就说过："人而无信，不知其可也。"意思是说，一个人如果不讲信用，那就不知道他有什么可取的了。在长期的社会劳动与生活中，人们以诚实守信为基础，聪明才智得以施展，勤劳勇敢得以张扬，因而创造了灿烂的历史文明，形成了诚实守信的传统美德。进入现代社会以来，人与人的交往越来越频繁，工作上的协作越来越广泛。而交往与协作不仅仅表现在知识、技术、资金上，更重要的是在诚信上。因为如果没有诚信，交往是虚假的，协作是空洞的，社会不可能向前发展。

什么是信用？信用就是能履行自己跟他人约定的事情，从而取得信任。所以，诚信的品质首先表现在说话上——表里如一。"言为心声"，怎么想就怎么说，不遮掩、不虚假、不夸大、不缩小，这就是实话。讲实话是最经常、最直接的诚信表现。如果见风使舵，随波逐流，为了讨好，人云亦云，也可能得益于一时，但是却丢失了最珍贵的东西——人格。

诚信的品质还表现在做事上——言行一致，言必信，行必果，怎么说就怎么做。人总是要做事的。无论现在的学习，还是将来的工作，都必须重承诺，守信用，说到做到。比如说承诺过拒绝色情、凶杀、迷信书刊，远离不健康网吧，就要说到做到。如果说的和做的不一样，搞形式、走过场，最后的结果是毁了自己，这是不诚信付出的代价。诚信是金。让我们每个人都闪耀着诚信的光芒吧。

为别人的进步高兴

对于别人的进步,妒忌是心胸狭隘、愚昧自私的表现,漠不关心是没有热情、缺乏激情的表现,这两种态度都是不应有的。正确的态度应该是为别人的进步高兴。

面对别人的进步,大致有三种态度:一是高兴,因为人心向善,人心向上,别人有了进步就像自己有了进步一样,发自内心的高兴;二是妒忌,这种人很奇怪,别人有了进步、受到表扬,自己觉得不舒服,像受了伤害一样,打心眼儿里忌恨;三是无所谓,漠不关心,别人是别人,自己是自己,别人的进步与自己没有关系。

对于别人的进步,妒忌是心胸狭隘、愚昧自私的表现,漠不关心是没有热情、缺乏激情的表现,这两种态度都是不应有的。正确的态度应该是为别人的进步高兴。

随着社会的发展,每个人也都在发展,虽然有的早、有的迟、有的快、有的慢、有的大、有的小,但是向上、向前总是主流。为别人的进步高兴,是心胸宽广、睿智大度的表现,因为正是每个人的进步，丰富了社会发展的内涵，整个社会才会和谐、繁荣、文明、昌盛。从这一点上说，能为别人的进步而高兴，是具有社会责任心的表现。能为别人的进步而高兴，是具有智慧，是聪明的表现。因为知道了别人的进步，也就知道了自己的差距。知道自己与别人有差距，又不甘心有差距的人，最终一定会走向成功。人们在长期的实践中总结了"人贵有自知之明"。什么是"自知之明"？就是头脑冷静，既知道自己的长处，又知道自己的短处，并且能努力克服自己的短处。这样的人之所以难能可贵，是因为他们既能客观地看别人，又能客观地看自己。客观是一种品质，是不骄不躁、谦虚谨慎、走向成功的精神支柱。

在人生的道路上，既有顺境，也有逆境；既有进步，也有退步，这是谁也无法回避的规律。通常情况下，能为别人的进步而高兴的人，也会在别人止步不前或退步时而焦虑不安，伸出援助之手，因为他宽容、大度，具有同情心。有一首歌叫"好人一生平安"。什么是好人？通俗地说好人就是同情和帮助别人的人。好人为什么会一生平安？因为他同情和帮助了别人，别人也会同情和帮助他。

为别人的进步高兴吧！你会在高兴中学到很多东西。退一步说，妒忌也好，漠不关心也罢，别人照样要进步、要发展，何苦呢？

开卷有益

古语说:"读万卷书,行万里路。"广为传诵的"读书破万卷,下笔如有神",形象地说明了思路开阔与博览群书的关系。开卷有益,同学们应该爱书、读书、用书。

开卷有益还是有害,曾经出现过争论。有人认为,在色情、凶杀甚至荒诞离奇书刊不时出现的今天,青少年看了这些东西不仅无益,而且有害。这种担心当然是善良的。

打开窗户可能会飞进几只苍蝇来,但是不能因为怕飞进苍蝇而不透空气、不开窗户。同样的道理,不能因为存在着不健康的书刊而不敢阅读。关键在于读哪些书,如何读。实践证明还是开卷有益。

根据课程设置和学生的实际情况,多数老师都会为学生提供一些阅读书目,有关单位和报刊也会向学生推荐一些书目,家长会根据自己的阅历和孩子的需要购买一些书刊。对于这些提供或推荐的书籍,要尽可能抽出时间阅读。走进书籍,你会觉得犹如进入宝库一样,琳琅满目,五彩缤纷,享受知识的乐趣。

学校图书馆被誉为"精神粮仓",所有书刊都是根据学生的发展需要购置的。要养成阅览的习惯,课余时间到阅览室阅读自己喜欢的报刊。时间长了,你就会觉得到图书馆就像进食堂一样,阅读就像吃饭一样,成为必不可少的精神需要。每学期至少应借阅三到五本书,特别要关注中外名著。以中学阶段为例,三年就可以阅读二十多本,这对增长知识、开阔视野、陶冶情操是大有好处的。

　　现在的问题是时间。至于如何拥有时间,主要靠自己"挤"。要学会"化整为零",科学安排时间,充分利用课余时间和节假日;每天坚持三十分钟读书,日积月累就是一个很大的数字。有一则谚语说:"有心走路山成路,无心走路路成山。"有钱难买愿意,只要自己喜欢,愿意阅读,总是能够挤出时间的,就像有心走路山也会变成路一样,什么困难也阻挡不了。

　　除了时间问题以外,还有一个如何阅读的问题。阅读可以有两种方法,一种是粗读,就是以比较快的速度浏览,了解书的梗概;一种是精读,一边阅读,一边思考,有的要摘抄,有的要写出读后感。方法是为人服务的。读的书多了,时间长了,哪些书该粗读,哪些书该精读,方法也就有了。

　　古语说:"读万卷书,行万里路。"前边是说要注重知识积累,后边是说要注重实践探索。广为传诵的"读书破万卷,下笔如有神",形象地说明了思路开阔与博览群书的关系。开卷有益,同学们应该爱书、读书、用书。

敢于竞争

敢于竞争是一种见贤思齐的思想意识；敢于竞争是一种不甘落后的意志品质；敢于竞争是一种不怕输、不服输的精神支柱。

学校要种一批树，我到苗圃挑选树苗。苗圃老人领着我穿行在小树间，树苗长得笔直整齐，排列有序。忽然发现一株树苗低了一截，叶子小小的，树干细细的，显然不像其他小树壮实。老人见我看着小树发愣，对我说道："小树苗原先都是一般高，为了争阳光，个个都使劲往上蹿。他没有用劲往上蹿，一步没跟上，步步跟不上，结果变成了现在这个样子。"老人用拟人的口气道出了这棵小树"落后"的理由。我不懂林业知识，但是我知道，老人的说法自有他的道理。

由此，我想到了竞争。小树为了生存尚且如此，作为万物之灵的人更应该懂得竞争。

敢于竞争是一种见贤思齐的思想意识。现实生活中，总是有的人工作成绩大，有的人工作成绩小；有的人受到赞扬，有的人受到批评。凡此种种，说明人与人是有差距的。敢于竞争的人，他的聪明之处就在于能够看到差距，有一种向优秀学习、向先进看齐的思想意识。有了这种意识，就有了潜在的动力，这是一种不断向上的动力源泉。

敢于竞争是一种不甘落后的意志品质。无论是在成长的道路上，还是在人的一生中，总是会有顺境、有逆境，有高峰、有低谷，"一帆风顺""心想事成""万事如意"都只是一些美好的祝愿。敢于竞争的品质之所以可贵，就是当遇到困难、处于落后的情况时，不为困难所困，不因落后泄气，而是正视困难，振作精神，倾全身之力冲出逆境，从而"柳暗花明又一村"。这是一种坚韧不拔的意志品质，有了这一品质，才能不怕任何险阻，攀登人生顶峰。

敢于竞争是一种不怕输、不服输的精神支柱。无论在生活、学习还是工作中，所有的人都会有失误或失败的时候，正像老虎警惕性很高，但也有打盹的时候一样。挫折、失败并不可怕，可怕的是失败之后一蹶不振的态度。敢于竞争的人不仅不怕输，而且不服输，有一种"从头再来"的韧劲，所以他们从失败中总结了教训，最后走向了成功。不怕输、不服输是一种精神支柱，有了这一精神支柱，人才能站立着，而不是躺下去。

永远谦虚

做人应该永远谦虚,不要把眼睛长到头顶上,不要把尾巴翘到天上。

我经常参加同学聚会,有中学的,也有大学的。同学之间知根知底,说话直来直去,聚会时除了说一些家长里短、所见所闻,大量的是轻松愉快的笑话,有时候也有不客气的批评与指责。有一次,一位同学说起另一位同学,就非常尖锐地说:"你是眼睛长到头顶上了,谁也不认识;尾巴翘到天上去了,忘了脚底下还有一个地球。"很明显,这是说他骄傲了,目中无人。

一位哲人说过:能看到自己渺小,其实是一种伟大。多么富有哲理,含义多么深刻!所以我以为,做人应该永远谦虚,不要把眼睛长到头顶上,不要把尾巴翘到天上。

人类已知的知识异常丰富,我们知道的不过是沧海一粟;人类未知的知识更为深奥,需要人们坚持不懈的探索。面对浩如烟海的已知知识和需要探究的未知知识,任何一个人都不敢说他已经登上了知识的顶峰,可以满足了、骄傲了,必须谦虚谨慎。至于我们学生,只不过学了一些最基本的间接知识,在知识财富面前不过是九牛一毛。即使各门功课学得都很好，都得了一百分，也丝毫没有骄傲的理由，因为我们获得的知识少得可怜，而且是一些还没有与实践结合的间接知识，在实践中发现和积累直接知识的路还很长。

　　一位被誉为国学大师的老学者，在一次学术研讨会上发言时最后说：学海无涯，学无止境，我愿意和青年同事们一起游泳，去发现更美好的东西。国学大师尚且如此，我们更应该谦虚。事实上，谁也不敢说他什么都懂得，什么都会做，因为他也有许多不懂得、不会做的。成绩卓著的数学家在社会科学领域可能有不少"盲区"，管理有方的企业家在自然科学领域可能知之不多，备受欢迎的歌唱家可能在绘画上一窍不通，能创作传世佳作的画家可能在歌唱上五音不全……所有这些都说明，一个人可以在某个方面"冒尖"，不可能在所有领域"领先"。山外有山，人上有人。看不到山外还有山，不知道人上还有人，沾沾自喜，盲目乐观，陶醉于一时的成功，最后的结果是自己毁灭了自己。

　　毛泽东同志说的"虚心使人进步，骄傲使人落后"教育和影响了几代人，古训"谦受益，满招损"更是人人皆知。我们要牢牢记住这些话，永远谦虚。

如何应对唠叨

唠叨是父母对孩子健康成长的一种关心，一种希望，一种寄托。因此，要把厌烦变成理解，把不满变成接受，进而感激父母的良苦用心。否则，不仅伤害了父母，而且会影响自己的成长。

唠叨就是同一件事说了一遍又一遍，什么时候想起来什么时候说。

仔细想想，唠叨其实是一种关爱，是长辈们在某件事情上的反复提醒、劝告、诉说、警示或安慰。比如，有些父母早上是"快起床""快洗脸""快吃饭""快上学"，晚上是"快吃饭""快写作业""快睡觉"……但天天如此，有的同学就说自己成了"机器人"，父母成了"录音机"。另外，有时候看看电视，父母就又开始唠叨："光知道看电视，不知道学习。"累了休息一下，便开始唠叨："少小不努力，老大徒伤悲，将来你要吃亏的。"考试以后，总是要反复询问："会不会？能考多少分？"甚至吃饭时也不得安宁，这个问："今天的课听懂了没有？"那个说："上课时一定要思想集中。"唠唠叨叨，没完没了，让人心烦意乱，吃饭成了索然无味的"差事"。除了父母，还有老师。有的老师对学生的优点、进步、成绩吝啬表扬，而对学生的缺点、过失却念念不忘，动不动就旧账重提，本意是怕学生再出以前的错，但多次重复换来的却是学生的反感。

对于唠叨，开始时还能够接受，并意识到这是一种关心。时间长了，次数多了，潜意识地产生一种厌烦，并且以默默不语表示不满。随着年龄的增大，自尊心越来越强，对于唠叨有了自己的主见，于是有时候就用不满的情绪以示反抗，有时候用顶撞的语言表示不满。有的父母常常无奈地说："好心没有得到好报，真叫人寒心。"唠叨成了引发父母与子女关系紧张的一大诱因。

唠叨是很难改变的，因为亲情和师生情是不能改变的。虽然随着教育学、心理学知识的普及，家长们意识到了唠叨的危害，家庭教育方法正在改变，但是亲情不变，有时候多说几遍也是在所难免。

既然这样，同学们就要把父母的唠叨看作是一种关心爱护，是一种至亲至爱的感情流露。为什么唠叨的总是父母而不是别人？可见，唠叨是父母对自己的一种希望、一种寄托，是为了自己的健康成长。这样一想，就会把厌烦变成理解，把不满变成接受，进而非常感激父母的良苦用心。同时，也要严格要求自己，改变不应有的学习方式与生活习惯，让父母觉得顺心、放心，自然也就没有必要唠叨了。至于给父母以"脸色"，用不敬的语言顶撞父母，是不礼貌的表现，如不引起重视，不仅伤害了父母，还会影响自己的成长。

受表扬后不骄傲

学生时代受到的表扬是激励性的,目的是鼓励前进,所以受到表扬后不能沾沾自喜、沉迷其中。一切应从零开始。

年轻人血气方刚,争强好胜,敢于表现,渴望表扬,这是一种积极向上的可贵精神。受到表扬,有两种态度:一种是头脑冷静,谨慎稳重,把眼光瞄准下一个目标;一种是沾沾自喜,昏头昏脑,久久陶醉在表扬中不能自省。很显然,我们需要第一种态度,必须警惕出现第二种现象。

中国乒乓球队是一支全国人自豪的球队,也是一支全国人敬仰的球队。为什么?除了骄人的战绩以外,更重要的是他们困难吓不倒、挫折受得了、胜利不骄傲的意志品质和传统队风。中国乒乓球队多次捧回了斯韦思林和考比伦两项奖杯。面对记者的采访,队长刘国梁总是那句话:"一切从零开始,把目标瞄在下一届奥运会上。"我想,这才是中国乒乓球队最大的精神财富,也是久盛不衰的真正原因。

"骄兵必败"虽然是军事术语,但是它适用于一切领域,针对所有的人，无论从事什么工作，无论是显赫的名流，还是无名的小辈，凡是骄傲的，必然以失败告终。因为骄傲了，就失去了向上的动力，没有动力，人便会安于现状，不求上进。记不清谁曾经这样说："整天躺在荣誉上的人，最终将被荣誉吃掉。"许多人的失败，原因不是别人太强大，工作太难做，而是自己骄傲了，失败在"骄傲"二字上。

冷静想一想，任何人都没有骄傲的理由。举世闻名的科学家、艺术家、作家、企业家、政治家……在各自领域对人类作出了卓越的贡献，他们可以骄傲吗？不可以。正是因为没有骄傲，谦虚谨慎，持之以恒，才成全了他们有所作为。如果骄傲了，也许早已从开始的成绩单上被抹掉了姓名。伟大的政治家、卓越的科学家尚且不骄傲，处于成长中的学生更不能骄傲。因为我们取得的成绩是基础性的，还不是创造性的，要把它变成财富、造福人类，还需要走很长的路，付出很大的努力。我们受到的表扬是激励性的，目的在于鼓励我们永不停步，继续向前，如果盲目骄傲，很可能早早自毁于学生时代。

渴望受到表扬，正确对待表扬。受到表扬后力戒骄傲，一切从零开始。这是每位同学应有的态度。

受批评后不气馁

在人生的道路上，并不满地都是鲜花，关键是要有一个好的心态：受表扬后不骄傲，受批评后不气馁。

在人生的道路上，并不满地都是鲜花，到处都是掌声，有时候也会荆棘丛生，嘘声刺耳，既可能受到表扬，也可能受到批评，这是正常的，关键是要有一个好的心态：受表扬后不骄傲，受批评后不气馁。

凡是人，都会有缺点，犯错误，即使再伟大的人，也逃避不了这一法则。有信念、有毅力的人，受到批评之后能够冷静思考，找出失败原因，结果愈挫愈勇，最后获得成功。信念模糊、意志脆弱的人，受到批评之后垂头丧气，埋怨别人，埋怨条件，甚至觉得生不逢时，结果甘拜下风，最终一事无成。两种态度，两样结果，无论历史上还是现实中都是不乏实例的。

一位到经济特区创业的人曾经向我讲述过他的艰难历程：初到特区，人地两生，倾其所有开办的一家小公司不久就破产了，"小老板"变成了"穷光蛋"。他说：唐僧西天取经历经八十一难,那是书上说的,我经过的困难比唐僧还要多,都是我亲身走过来的。唐僧还有几个徒弟当帮手,我是光棍一条。破产后,一个堂堂副教授在城市无立锥之地,连夜宿街头都不可能,只好夜宿海滩。因为海滩细沙可以做床,堆在身上可以当被。白天饿了身无分文,便到附近给人家搬东西、摘果子,有时候挣顿饭,有时候给一堆果子。无论怎样潦倒,创办一家设计公司的梦想一直没有变。再后来,从打工做起,扫地、抹桌、端茶、洗碗,只要有活干、能挣钱,从不计较。攒了一点钱后,又开起了设计公司,这一次,有了前面的教训,再加上不断创新,终于站住了脚。

我知道,这位创业者的设计公司目前是当地一家有影响的设计公司。在激烈竞争的经济大潮中,他可能还会破产,还会成为"穷光蛋";但是,他是强者,是信念的强者,即使再次失败,他还会成功,因为信念支撑着他,精神支柱永远不倒。

人们都说,成功与失败常常是在一念之间。这个"一念"除了其他因素外,更重要的是反映在如何对待困难、挫折与失败上,在批评面前是坚持还是放弃,是奋发还是气馁。任何时候都不要轻言放弃,不要自卑气馁。坚持下去,前面便是一片光明。

父母也有错的时候

在家庭教育上，父母也有错的时候，这时，我们就要学会理解，独立思考，决定取舍，使自己在实践中茁壮成长。

在家庭教育上，父母也有错的时候。父母的错主要表现在教育的方式方法上。比如，溺爱、迁就、袒护：明明是孩子错了，却不闻不问，更不批评，生怕亏待了孩子；明明是孩子自己应该做的事情，却包办代替，有的代背书包，有的代洗内衣，有的代找资料，有的代替劳动，甚至有的代写作业，生怕孩子吃了苦，受了罪；明明知道孩子的要求不合理，也要满足那些无理要求，有的大把大把给零花钱，至于买了什么从不过问；有的盲目攀比，在衣着打扮和生活用品上赶时髦、图新潮；有的轻易许诺，试图以金钱和物质调动孩子的积极性。与上述相反的是简单、粗暴、生硬，有的一说话三瞪眼，弄得孩子唯命是从，不敢申辩；有的在外边不顺心，回家拿孩子撒气，孩子成了"出气筒"；有的不允许孩子说错话、做错事，更不允许考不好、犯错误，一听孩子出了差错，便火冒三丈，用嘴骂，动手打，甚至罚站、罚跪、罚不让吃饭、罚写字、罚算题、罚背书，把原本轻松愉快的学习变成了沉重的惩罚；有的亲起来像兄弟姐妹，恨起来像敌我矛盾，闹得孩子无所适从。

多数父母是重视孩子的全面成长的，但是，也有少数父母在教育的内容上走入误区，出现差错。比如，孩子在外边挨了骂、打了架，有的便鼓动孩子也去骂人、打人；孩子捡了点小东西或占了点小便宜，有的父母便沾沾自喜，夸奖孩子"机灵""有本事"；在学习目的与前途理想上，思想狭隘，目光短浅，把孩子当作私有财产，只关心分数，不注意其他，误以为只要学习好就可以有所作为，光耀门庭。

所有父母对子女都寄托着厚望，家庭用于教育的支出占着很大比例。随着教育科学知识的传播，家庭教育的方法也在不断改善，这是社会发展与进步的表现。但是，我们不能要求所有父母都具有高深的教育理论和科学的教育方法，在家庭教育上他们可能也有错的时候。错了怎么办？第一，我们要学会理解。父母对我们无论是溺爱还是粗暴，我们都要理解这是父母的亲情，是父母的希望。但是，我们不能依赖溺爱，更不能躺在父母的溺爱里不努力、不自强，而要把它当作一种动力；对父母的粗暴不记恨，更不能因为父母的简单、粗暴而破罐子破摔，而要接受教训，更加发奋向上。第二，我们要独立思考。父母的作用和老师的作用一样都是外因。外因虽然很重要，但是对一个人的成长起决定性作用的是内因。所以，每个人都要有一个目标，自己给自己加压，独立思考，学会判断，决定取舍，凡是正确的、有益的，都要虚心接纳，使自己在实践中不断成长。

老师的严其实是一种爱

老师对学生的爱丝毫不亚于父母，因为他们还有着一种特殊的责任感和事业心。

我上中学时，喜欢语文课，每次作文，老师都有几句中肯的批语，并且在不少地方用红点红圈标示出来，以示表扬。见了面，语文老师总是微笑着说："继续努力。"我知道，微笑表示肯定，继续努力则是告诫，提醒我不要骄傲。有一次，出了问题。作文本发下来后，没有红点点和红圈圈，批语用超过往常的大字写道："不仅内容没有新意，而且几处掉字，该会的字写成了白字、错字。想一想，原因在哪里！！！"批语的后面，是三个显眼的惊叹号。又过了几天，语文老师把我叫到一个僻静的地方说："想了没有？知道原因在哪里吗？"我看着老师的脸，严厉中带着焦虑，焦虑中带着期望。做了回答后，老师用压得很低的声音说："学习上可以听不懂、理解慢，也允许犯一些学生可能犯的错误，但是不能骄傲。一个初中学生就骄傲，长大了怎么办？"老师严峻的脸和声音很低的话，让我刻骨铭心，至今想起犹如昨天。

老师对学生的爱丝毫不亚于父母，因为他们还有着一种特殊的责任感和事业心。爱的方式有时候是通过严的形式表现的，比如批评、惩罚、处分等。爱之深，恨之切。特殊情况下，老师的严可能超越了允许的范围，让学生觉得不讲情理，难以接受。但是，"怒其不争"的爱心是显而易见的。当然，作为老师，要尊重学生，严而有格，宽严适度，讲究艺术。多数老师也会在实践中积累经验，总结教训，提高教育艺术，让学生乐于接受既严格又感动的批评或惩罚。作为学生，要理解老师的良苦用心，透过严厉，看到关爱。教育是一种既需要表扬又需要批评、既需要宽容又需要严厉的工作，就像一棵小树既需要浇灌又需要剪枝一样，不剪除不应有的枝枝杈杈，难以长成参天大树。运动员训练非常严格，教练的要求有时近乎残酷，因为不严格出不了成绩。科学家的工作是非常严格的，有时甚至需要付出血的代价，因为不严格难以找到客观规律。企业家的成长是非常严格的，有时会落得倾家荡产，因为不严格难以取得信任。就连汽车司机也需要严格，严到每一秒钟都必须谨慎驾驶，否则可能会车毁人亡。世界上的事，没有一件不需要严格，不严格难以成事。

俗话说"严是爱，松是害，不管不教要变坏"。理解老师吧，老师的严其实是一种爱。

家贫不必羞

家庭困难并不可怕，可怕的是自己看不起自己，失去改变现实的勇气。

一位中学校长告诉我，为了帮助家庭经济困难的学生完成学业，他们学校开展了捐资助学活动。十几年来，已有一批家庭困难的学生完成学业，有的还考入了高等院校。但是在活动中发现，少数家庭困难的学生不愿意申请资助，原因是怕丢人，怕同学看不起。

共同富裕是我们的不懈追求，这一目标是一定能够实现的。但是现在还存在着有的家庭比较富裕、有的家庭比较困难的现象，这是客观事实。有差别是绝对的，我们的目标是缩小差别，即使现在经济困难的家庭将来比较富裕了，差别还会存在。家庭经济状况出现差别的原因是多方面的，既有主观因素，也有客观原因。任何一位父母都渴望家庭富裕，都愿意为子女提供优越的生活和学习条件，"可怜天下父母心"就是这一意愿的精辟概括。可以预见，随着社会的发展，所有的家庭都会发生变化，变得富裕，变得和谐，变得幸福。所以，家庭暂时困难的同学不必懊丧，正像一位同学说的那样："家贫不是我的错。"家贫不羞，也不丢人，更不会因为家庭困难而被别人看不起。

古今中外家庭贫困而后来大有作为的人不胜枚举。为什么？不为家庭暂时困难怨天尤人，不为家庭暂时困难沮丧泄气，而是发奋学习、努力工作，于是改变了客观，走向了成功。家庭经济困难是客观存在的，重要的不是困难不困难，而是如何看待。坦坦荡荡，不嫌家贫，奋发向上，闯出一条对社会、对自己都有益的路。遮遮掩掩，埋怨家贫，在虚荣心的驱使下，甚至拒绝别人的帮助，终日陷在哀戚之中。两种态度，两样结果，这是肯定的。

打倒自己的不是别人，相反，往往是自己。这是许多人成功之后总结出来的经验结晶。家庭困难并不可怕，可怕的是自己看不起自己，失去改变现实的勇气。同样的道理，家庭比较富裕只是外部条件，如果自己不努力，整天躺在父母创造的条件上，最后也将一事无成。

把想法大胆说出来

把自己的想法大胆说出来是一种自信;把自己的想法大胆说出来是一种勇气;把自己的想法大胆说出来是一种修养。

一次听完课,我和几位没有到教室外面休息的同学聊天。我问:"平时能不能和老师个别交流?敢不敢把自己的想法,特别是与老师不一致的想法说出来?"我注意到,除一个同学作了肯定的回答外,其余的同学有的吐舌头,有的摇脑袋。我又以同样的问题询问与父母交流的情况,有的说"没有时间",有的说"不愿交流"。看来,多数同学在老师和父母面前不敢把自己的想法,特别是与之不一致的想法说出来。

不敢把自己的想法说出来,主要原因是怕说错了老师批评、同学笑话。为了维护自尊,于是便"少说为妙"。其实,这是一种多余的顾虑。学生时期的主要任务是学习,学知识,学做事,学做人。在做的过程中自己有了想法,说给老师、父母和同学,实际上是一种检验,检验自己的想法是正确的还是错误的,是深刻的还是肤浅的,是全面的还是片面的。如果自己的想法是正确的，说明自己进步了，老师和父母会为你高兴；如果自己的想法不正确，或者肤浅、片面，那也没关系，老师和父母是不会批评你的，因为他们也曾有过学生时期，也曾有过由片面到全面、由肤浅到深刻、由错误到正确的过程。

有时候，自己的想法和老师、父母的想法不一致，担心说出来会受到训斥甚至惩罚，于是便守口如瓶，一言不发。其实，这是一种消极的哲学。一方面，在想法不一致的情况下，也许你的想法是正确的。"真理面前人人平等"，老师、父母就应该尊重你的想法。另一方面，也许你的想法是错误的，或者是片面的，那也没关系，因为老师和父母有纠正孩子错误的义务。如果不敢大胆说出自己的想法，错误的东西越积越多，那对自己的成长是不利的。

把自己的想法大胆说出来是一种自信，自信是不竭的动力源泉，会促使我们去不断攀登新的高峰；把自己的想法大胆说出来是一种勇气，勇气是创新的基础，会促使我们去不断追求新的开拓；把自己的想法大胆说出来是一种修养，修养是人际交往的基石，会促使我们结交更多的朋友，合作共事，把事情做得更好。

学会放松

紧张是人的一种本能，也是一种常见的心理表现。但过度紧张会产生负面影响，甚至会严重影响一个人的工作、学习和生活。因此我们要学会放松。

我上中学时，有一年全班组织元旦联欢会，班主任宣布每人必须出一个节目，或者唱一支歌，或者讲一个故事，或者做一个其他表演，总之，以把大家逗乐为目的。当轮到我出节目时，由于过分紧张，脑子一片空白，原本准备要唱的歌，调儿忘了，词儿忘了，傻乎乎站在那里半天说不出话来。又过了不长时间，学校组织期末考试，第一门是语文，这是我的长项，从来没有下过全班前三名。但是语文试卷发下来一看，傻了，有一道试题根本没有听说过。这一下紧张了，不会的那道题像一块巨石压在心头，让我喘不过气来；又像一片阴影在脑海里飘来飘去。结果，那次考试很是糟糕，不会的没答上，知道的没答好，考试成绩成了全班倒数第五名。班主任找我谈话，听完情况后，他非常和气地说："这一次没考好，与上一次唱不出歌是同一个原因——过分紧张。这不可怕，以后要学会放松。"

中学时代这两件事过去了几十年，但是至今仍然记忆犹新，它让我懂得了遇事要冷静，要学会放松。

紧张是人的一种本能，也是一种常见的心理表现。在特殊情况下，人会变得心跳加快、呼吸急促，甚至思维停滞，显得手足无措、目瞪口呆。正像人有压力一样，没有压力不行，但是压力过大可能会把人压得趴下。不让人紧张是不现实的，但是过度紧张也会走向反面，结果是本来可以做好的事做砸了。

怎样避免或减少过度紧张呢？一是转移。在紧张心理刚出现的一瞬间，通过一些活动转移紧张心理的继续发展，比如深呼吸、握拳、挥臂、蹬腿、咬牙，以及在不影响他人的情况下放声喊叫，尽快离开现场等，都可以释放心理压力。二是暗示。在遇到偶发事件时，自己暗示自己"要镇静，别紧张"。三是多锻炼。积极参加各种比赛或竞赛，有意识地做一些挑战性的事情，在实践中摸爬滚打，增强耐挫折的能力。经历多了，就会见多识广，遇事不慌。四是勤学习。不仅要向书本学习，还要向他人学习，向实践学习。俗话说"艺高人胆大"，就是说学习多了、积累多了，才会从容地面对偶发事件。这是克服过度紧张心理最有效的途径。

从"不是有意的"说起

小事是大事的基础,认认真真从小事做起,从而成就大事。

一位老师告诉我,有的学生常常以"不是有意的"为自己的行为辩护。比如,吃雪糕时,把纸一扯扔到地上,当指出这样做不对时,他会说:"找不到垃圾箱,我不是有意的。"有一次,一位同学的自行车放在通道上,影响人们行走,当指出这样做不对时,他竟说:"随便放惯了,我不是有意的。"到餐厅看一下更让人生气,抛米撒面是常事,有的学生甚至整个馒头一动不动就扔进了泔水桶,当指出这样做不对时,他竟说:"没注意,买多了,我不是有意的。"这位老师不无感慨地说:"人的素质不是看你记了多少死知识,也不是听你讲了多少大道理,而是看你做得怎么样,尤其是那些不显眼的小事。"

人们常常在无意识的情况下说错话,做错事,犯错误。但是,细细想想,无意识的错话、错事、错误,与有意识的错话、错事、错误,它所带来的后果是相同的。无意识地乱扔纸片,同样会影响环境的优美;无意识地随地吐痰,同样会成为传播疾病的渠道；无意识地脏字脏话，同样表现了不文明；无意识地浪费，同样会造成损失……古语说得好："不以善小而不为，不以恶小而为之。"良好的行为习惯是优秀素质的外在表现。只有从早期抓起，从小事做起，才能养成良好的行为习惯，从而避免无意识的错话、错事和错误。

由此，我想到了某报刊登的一个故事：某校招聘教师，应聘者近百人，经过笔试，剩下九人作为面试对象。试讲时，九人中有八人讲完课拿上教案，抽出课件便匆匆离去，只有一人讲完课先是擦了黑板，然后抽出课件，把电脑程序调整到起始阶段，才有礼貌地走下讲台。后来，唯独那一位知道擦黑板、调整电脑程序的应聘者被录用了。我想，他被录用的原因是显而易见的：知道大事是小事的积累，小事是大事的基础，认认真真从小事做起，从而成就大事。

从现在做起，从自己做起，从小事做起，凡事严格要求自己，看似苛刻，实际上会受益终生。如果常常以"我不是有意的"为理由原谅自己，看似宽松，等到长大了，习惯形成了，就会遗恨终生。

交朋友的学问

  朋友能使人的个性更加健康、心胸更加宽广、人格更加高尚，在尽情享受丰富人生的同时，回报社会、共同创造更加美好的生活。

  朋友是人的需要，它的重要性有时甚至超过了金钱。古人说："人生得一知己足矣。"现代人说："除了一个真心的朋友之外，没有一样药剂是通心的。"歌手甚至唱出了"结识新朋友，不忘老朋友"。可见，朋友就像吃饭、睡觉一样，谁也离不了。心理学研究表明，朋友的作用不仅仅表现在生活、学习和工作上，更重要的是在精神上。真心朋友能够让灵魂相互碰撞、相互融合，使人的个性更加健康、心胸更加宽广、人格更加高尚，在尽情享受丰富人生的同时，回报社会、共同创造更加美好的生活。

  学生时期的同学就是朋友。将来从学校毕业了，走向社会，还要结识更多的新朋友。如何结交朋友，结交好朋友呢？

  第一，要以诚信为基础。

  诚实守信是做人的根本，也是交朋友的基础。许多人在青少年时期结下的朋友之所以可以终身为友，就是因为这种友情是建立在诚信这个最可靠、最牢固的基础之上的。有了诚信，才能做到心心相印，竭诚相助，这就是人们经常说的"知心朋友"。

第二，要以尊重为前提。

有人说："找到朋友的唯一办法是自己成为别人的朋友。"如何才能成为别人的朋友？尊重别人，以尊重别人换取别人对自己的尊重，尊重是结交朋友的前提。所有的人都希望得到别人的尊重，这是一种强烈的心理需要。但是，尊重是双方的，只有付出尊重，才能收获尊重。当然，朋友之间的尊重不是姑息迁就，不是庸俗吹捧，而是对朋友人格的赞赏、能力的敬佩、品行的肯定。有了这种尊重，朋友之间的情谊才会天长地久，自己也会在交友中心灵得到净化、人格得到升华。

第三，要以共同目标为志向。

兴趣、爱好、个性、特长甚至相同的遭遇会使人们结为朋友。但是，共同目标才是朋友的灵魂。学生时期，互相鼓励，互相帮助，努力学习，通过各种实践提高自身素质，是共同目标。将来走出学校工作了，人际关系和工作环境发生了变化，结交朋友的共同目标应该是做好工作，回报社会，在促进社会发展中实现人生价值。没有共同目标的朋友，只能是吃吃喝喝的"酒肉朋友"，互相利用的"临时朋友"，鲁莽行事的"草莽朋友"。这种朋友害人害己，不是真正的朋友。

再说交朋友的学问

同学们要与老师、与父母多交往，多沟通，在交往中成为朋友。与父母、老师成为朋友的关键是理解。

现代社会的一个明显特点是分工越来越细，协作越来越多。一个人知识再多、能力再强、志向再高，如果没有良好的人际关系、没有同事与朋友的鼎力相助，只能是一事无成、空有其志。

但是，当前同学们的人际交往能力却并不乐观，尤其与父母、与老师的交往存在着误区和障碍，有的同学甚至认为与父母、与老师不应该也不可能成为朋友。这种状况，既影响了成年人对学生的认识与理解，又影响了学生自身的成长。许多问题的出现，如逆反、顶撞、逃避、体罚、说谎、出走等，都是互不理解造成的。孩子与父母、学生与老师可以也应该成为朋友。古今中外都有大量的实例告诉我们：朋友是没有年龄界限的。交往中，有一种叫"忘年交"，就是跨越年龄的朋友。同学们要与老师、与父母多交往、多沟通，在交往中成为朋友，这对自己的成长是大有好处的。

与父母、老师成为朋友的关键是理解。在人际交往中，人们常常把"理解万岁"作为准则。什么是理解万岁？理解万岁就是永远心灵相通，认识一致，然后步调统一。所谓"众志成城""万人一条心，黄土变成金"，就是理解万岁的结果。

天底下所有的父母都是爱自己的孩子的，姑息迁就的袒护是爱，没完没了的唠叨是爱，简单粗暴的训斥是爱，火冒三丈的打骂也是爱。虽然有些爱是背离科学的，但"爱之深，恨之切"，每一个父母都希望自己的孩子成人成才、有所作为。人们都说"可怜天下父母心"，我还要补充说"可怜天下老师心"。每一位老师都希望自己的学生在学校是优秀生，到社会是佼佼者。心花怒放的表扬是希望，推心置腹的谈心是希望，严肃认真的批评是希望，不得已而为的惩罚也是希望。对于这些要理解，理解了就会发自内心地感激，进而对父母、对老师充满崇敬之情。

除了理解，还要和父母、老师多沟通、多交流，把自己的想法大胆说出来。有的同学宁肯把话闷在肚子里也不愿意说出来，其实是蠢笨的，有话不和自己最亲的人说和谁说？有的同学怕说错了受到批评或者惩罚，因此不愿意诉说，其实这是多余的担心。要相信父母和老师，他们是盼望交流的，即使想错了、说错了，他们也会告诉你应该如何想、如何说，这是父母和老师的义务，也是我们成长的必然过程。

三说交朋友的学问

在与他人交往时,要自尊、自律、宽容,只有这样,我们才能获得真正意义上的朋友。

有人调查后指出,现在的中小学生在人际交往、结交朋友上,相当一部分同学存在着程度不同的问题。有的胆怯,不敢和老师多说话,也不敢和同学多交往;有的在家里任性、霸道惯了,和同学交往时稍不顺心便大发脾气;有的孤僻,与同学交往时心事重重,不能敞开心扉、畅所欲言。以上这些问题的存在虽然有客观原因,但主要因素在主观,只要自己努力,一定可以得到改善。作为个人,在与他人交往时特别要做到以下三点:

第一,要自尊。自尊就是自己看得起自己,悦纳自己。我们说结交朋友要尊重朋友,不尊重人是不可能结为朋友的,朋友需要互相尊重。但是,首先要自己尊重自己。如果做不到自尊,学习不吃苦、遇事说谎话、爱占小便宜、对人没礼貌、不喜欢劳动、不关心集体,就不可能得到别人的尊重。所以,要想结识朋友,首先要把自己的事情按要求做好,让同伴们觉得你可爱、可信、可交。自尊与自信是紧密相连的。自信就是相信通过自己的努力,可以做好自己应该做的事情,相信自己有潜力、有优点。有了自信,并付诸实践,便有了尊严。

第二,要自律。自律就是善于约束、控制自己,该说该做的大胆去说去做,不该说不该做的坚决不说不做。现在同学之间、将来人与人之间的交往既是相互的,又是平等的,不能单凭一方的主观愿望行事。所以,在与别人交往时,既要有自己的主见,又要善于倾听别人的意见,如果别人的意见有道理,就要敢于放弃自己的想法,这样做并不丢人,恰恰是应有的谦虚好学、善与人处的优秀品质。当然,自律不是委曲求全,不是姑息迁就,不是无原则的妥协,而是约束任性,控制傲慢,逐渐做到能够冷静、理智地与人相处。

第三,要大度。大度就是宽容,落落大方,不计较鸡毛蒜皮的小事,能容人。交朋友是需要付出的,付出的是真诚的情感,而宽容大度正是这一情感的核心。交朋友的付出不是为了得到回报,但是一定会有回报。如果一时没有得到回报便斤斤计较,怨天尤人,不仅把朋友庸俗化了,而且也不可能交上真正的朋友。宽容不吃亏,大度是涵养。人际交往需要宽容大度,社会和谐需要宽容大度。

切莫心不在焉

　　克服心不在焉的毛病,使自己的注意力能够集中起来。

　　心不在焉就是注意力不集中,干着一件事想着另一件事。
　　注意是人的一种生理本能。当受到外界刺激时,人会迅速作出反应,以便采取各种措施加以应对。人的心理活动从注意开始,并伴随着心理活动的全过程,调动各种智力因素的积极性,决定认识和实践活动的质量。比如,注意力可以调动观察力的积极性,人在注意力非常集中的情况下,才会聚精会神地去观察事物;注意力可以调动思维的积极性,人在注意力非常集中的情况下,才能思考得深刻、准确;注意力可以调动想象的积极性,人在注意力非常集中的情况下,想象力就像插上翅膀一样,越飞越高。注意力更是记忆的基础,人在注意力非常集中的情况下,才会专心致志,印象深刻,牢固记忆。所以,无论现在学习,还是将来工作,必须思想集中,切莫心不在焉。
　　如何克服心不在焉的毛病,使自己的注意力能够集中起来呢?

第一，培养广泛的兴趣。兴趣是激发注意力的前提，一个人对某件事很感兴趣，非常喜欢，他就会注意力十分集中。比如，一个人对动物兴趣浓厚，他就会全身心地投入到动物世界；一个人对植物兴趣浓厚，他就会克服一切困难进入植物王国；一个人对体育兴趣浓厚，他就会不怕一切挫折参与体育活动；一个人对发明兴趣浓厚，他就会一门心思用在创造发明上……所以要培养广泛的兴趣，把兴趣逐渐升华为爱好、志向、理想，这是专心学习与工作的根本。

第二，具有坚忍的毅力。善于克制自己，具有坚忍的毅力，是一种优秀的心理品质，也是学习与工作成功的必备条件。试想，如果放任自己，做事心不在焉，把思想集中看作是"苦"，这样的人怎么能走向成功，有所作为？毅力是意志的外在表现，有什么样的意志，就有什么样的毅力。什么是意志？意志就是为了实现一定的目的而自觉、持续努力的心理状态。学生时期的主要任务是学好各科知识，在各种实践中增长能力，为未来打好基础。为了实现这一目的，必须刻苦，必须聚精会神地走好每一步。假如学习心不在焉，做事满不在乎，将来一定会"悔恨当初"。

第三，及时暗示自己。人的大脑既是各种信息的储存器、加工厂，又是十分敏感的指挥部。面对纷繁复杂的事物，有时候精力分散是难以避免的。中小学生那么多课程，那么多活动，让学生每一节课、每一次作业、每一项活动都做到专心致志是不现实的。但是，这些并不能成为心不在焉的理由，而是说该注意力集中的时候必须全神贯注，该放松的时候完全可以奇思妙想。注意力应该集中而走神时，要及时暗示自己，或用无声的话语，或用适当的动作，提醒自己不能走神。这样，时间长了就会养成做事专心的良好习惯。

不要陪读

家长陪读不利于孩子的成长。因为在知识的积累、能力的增长、个人的发展上，内因才是决定性因素，外因只是变化的条件。

一位老师告诉我，陪读的现象值得注意。孩子预习、复习、写作业，家长陪着；找资料、查字典、削铅笔、整理学习用品，家长帮着；起床、吃饭、上学、洗脸，家长催着。这些直接或间接的陪读现象，极不利于孩子的独立、自主成长，应该引起家长的重视，也应该引起同学们的重视。

家长为什么要陪读？主要是在爱的情感驱使下，生怕孩子有困难、受委屈，心甘情愿地放弃自己的业余活动，总想在学习上对孩子有所帮助。同时，也有对孩子不相信、不放心的心理驱使，陪读实际上成了一种监控，试图在监督下让孩子取得好的学习成绩。有的同学为什么希望陪读？主要是有依赖思想，有人作陪就有了依靠，心里踏实。起床、睡觉有人管着，学习用品有人帮着，自己省心，何乐而不为？

我们不反对家长与孩子讨论学习上的一些问题，帮助孩子解决学习中的某些困难。但是这种讨论与帮助应该建立在独立、自主的基础上，而不是陪读。在知识的积累、能力的增长、个人的发展上，内因是决定性因素，外因只是变化的条件。缺乏内在动力，缺乏自主发展的勇气，外部条件再好也是不起作用的。陪读的后果，一是助长了孩子的依赖思想，影响了内在的积极性、主动性；二是干扰了孩子正常的学习。学习本应在一个清静的环境中，结果旁边有个人又是说、又是催、又是逼，怎么能精力集中呢？陪读的本来愿望是想有个好的结果，但是往往事与愿违。

父母的心情可以理解，父母的做法寄托着美好的期望。但是，陪读的结果确实是弊大于利。知道了这一点，就要对家长的陪读作出正确的判断。一方面要理解家长的亲情，感恩父母的关爱，并且在适当时候说明陪读的副作用，表明自己的态度，请家长放心，解除他们的后顾之忧；另一方面要自觉、主动地设计好一天的活动，该做什么就专心致志地做什么。自觉、主动、刻苦、认真，这是同学们应该做到的，也是家长最希望看到的。

真美在心

说真话,做实事,发自内心的真诚才是美。

美,是所有人的追求,因为,爱美之心,人皆有之。但每个人对美的认识却不尽相同。有的人追求外表美,涂脂抹粉,描描画画,或者费尽心思试图用装饰遮掩自以为不理想的部位,或者不惜重金、冒着风险割皮整容。有的人追求服饰美,什么时髦穿什么,三天一改,两天一换,鞋以"高"为美,裤以"破"为美,裙以"短"为美,上衣以"小"为美,就连头发也要以"红"的、"黄"的、"白"的为美,忘记了老祖宗的黑头发。年轻人求异、求新是对的。但是,假若不在学习上上进,不在工作上创新,外表再讲究也是空的。单凭穿衣打扮对人作出判断,会犯"以貌取人"的错误。假若不在思想上注重修养,不在工作上兢兢业业,不在品德上践之于行,装饰打扮再好也不会得到人们的赞赏。20世纪50年代曾经流行过的一首打油诗写道:"头发梳得光,脸上搽得香。只因不劳动,人人嫌她脏。"你看,她本想得到人们的赏识,说她香,说她好,但结果是"人人嫌她脏"。可见,人的美不完全在外表、在装饰,而是在内部、在本质,真美在心。

真是美的本质。什么是真？真就是诚实守信，实事求是，黑就是黑，白就是白，有一说一，有二说二，既不为了自己把大的说成小的，也不为了讨好别人把小的说成大的。对于这样的人，人们觉得可靠、可敬、可爱，愿意与他交往、共事，彼此相处都是一种美的享受。如果口是心非，言行不一，靠小聪明，耍小手腕，骗得了一时，骗不了一世，时间长了，人们就会觉得这样的人不可靠、不可信，避而远之，不敢接触，那还会有美的感觉吗？所以，说真话，做实事，发自内心的真诚才是美。

善是美的表现。什么是善？善就是心地纯洁，和气友好，乐于助人，宽容大度，既能坚守做人的基本原则，又能在别人需要帮助时伸出热情之手。20世纪80年代开始，广泛传唱着一首《好人一生平安》的歌，有人还把"好人一生平安"几个字制作成装饰品，带在身上，挂在墙上，放在汽车上，祈求平安。对于"好人"，有两位大师曾作过精辟阐述。季羡林先生说，想别人比想自己多的人就是好人。王选先生说，再降低一下标准，想别人和想自己一样多的人就是好人。可见，好人是需要付出的，好人一定是严于律己、宽以待人、心地善良、乐善好施的人。现实中，人们常常用"好人"两个字评价某些人，看似简单，其实这是对人格的高度概括，是对人生价值的充分肯定。好人心地善良，他的生活必然是幸福的。与好人相处、合作是愉悦的，自然是一种美的享受。

青春本身就是美

拥有青春,就要珍惜青春。青春本身就是美,美在自然,美在朝气。

人们经常用"金色童年""阳光少年""花季年华"形容中小学生,因为此时的学生像金色的阳光、初开的鲜花,美得让人陶醉、让人羡慕。

可是,在一次学生心理健康教育研讨会上,一位老师的发言却让我产生了忧虑。他介绍说:中小学生程度不同地存在着一些心理问题。其原因,有的是学习压力过大;有的是师生关系紧张;有的是家庭出现变故;有的是生活遇到挫折;还有的是自以为有"缺陷",比如过胖过瘦、牙不整齐、眼睛不大、颧骨太高等,由此背上了包袱,自卑、孤僻、缺乏自信,不愿与人交往。

依我看,大可不必计较外表怎么样。在父母眼里,自己的孩子最可爱;从社会角度说,每一个学生都可爱;同学之间,看重的是品德、知识与能力。青春本身就是美。拥有青春,就要珍惜青春。

青春本身就是美,美在自然。处在青春期的人天真率直,有啥说啥，既不回避过错，也不掩藏优点，这种天性的自然流露是美；单纯朴实，很少顾忌，与人交往心灵是敞开的，说话做事行为是光明的，这种天性的自然流露也是美。

自然为什么是美的？因为它不遮遮掩掩，不躲躲闪闪，真实而不虚假。九寨沟之所以吸引人，是因为它保持了原始生态的自然美，人们走进九寨沟大有返璞归真之感，享受着真实的大自然之美。假设九寨沟里盖起了高楼大厦、门面店铺、亭台楼阁、古刹寺庙，失去了自然美，也就没有了吸引力。人也是如此，假如天真变得忧虑，率直变得世故，朴实变得浮夸，人们就会觉得是虚的、假的，而不是美的。

青春本身就是美，美在朝气。处于青春期的人精力充沛，活力四射，正值"不知疲劳为何物"的年华，不仅让人羡慕，而且让人眼馋；思想活跃，敢想敢干，正值"自古英雄出少年"的阶段，很多人在青少年时期就有了卓越的成果。富于朝气是美的，因为它象征着生命、活力和成功。

不要和别人比外表、比服饰、比打扮，而应该比品德、比知识、比能力、比健康，只有后者才是真实的、美好的。

尊重异性

男女同学之间的交往，相互尊重应该成为基本准则。

男女同学之间的交往，相互尊重应该成为基本准则。坚守这一基本准则，无论是对别人的发展，还是对自己的成长，都是大有好处的。

自尊是相互尊重的基础。什么是自尊？自尊就是自己相信自己，自己尊重自己。世界上所有的人都希望得到别人的尊重，这是一种甚至比吃饭、睡觉还重要的精神需要。如何才能受到别人的尊重呢？唯一的办法是自己尊重自己。一个人在品行上诚实守信、严于律己，得到的不是蔑视，而是尊重。如果私心太重、言行不一，得到的是蔑视，而绝不会是尊重。一个人在学习上踏实刻苦、谦虚严谨，得到的是别人的敬佩。而如果把学习当儿戏，满不在乎，吊儿郎当，怕吃苦，不认真，自己对自己都不负责任，怎么能让别人尊重？由此看来，自尊并非困难重重、高不可攀，只要认准了方向，加上自己的努力，谁都可以做得到，谁都可以得到别人的尊重。

理解是相互尊重的前提。俗话说"要想公道，打个颠倒"。理解就是换位思考，站在别人的角度多想想。在家里，站在父母的角度多想想，就理解了父母的良苦用心，从而会倍加珍惜这份亲情，知道感恩。在学校，站在老师的角度多想想，就理解了老师的殷切希望，从而会倍感机会难得，知道努力。在与同学的交往中，站在对方的角度多想想，就理解了对方的所思所想，从而会倍加爱护这份友谊，知道尊重。可见，理解是相互尊重的前提条件。倘若一事当前，先想自己，不管别人的感受，什么都想让别人顺从自己的意愿，不仅不能得到别人的尊重，反而会自己孤立了自己。

　　古语说"己所不欲，勿施于人"，自己不愿意的，不要强加于人。我要说：即使自己愿意，在别人还没有理解的情况下，需要的是耐心说服，诚心等待，同样不能只为自己，强加于人。尤其是异性之间，更需要加深理解，才能相互尊重。男女同学在生理、心理上有许多差别，这些差别是正常的，不是优劣的区别，各有各的优势，都有可爱之处。因此，在交往中特别是要尊重异性同学，它代表着宽容和豁达，是一个人应有的基本品质。

上网不迷网

身处信息社会,中小学生应该认识网络,使网络成为自己成长的好伙伴、好助手,拒绝网络、谈网色变,是多余的。但一定要做到上网不迷网。

网络的出现,标志着社会的进步;网络的普及,必将进一步推动社会的发展。各种信息通过网络传播已经成为势不可挡的世界潮流。熟知和使用网络,应该是现代人的基本能力。

如同所有高新技术一样,网络也是一把双刃剑,各种有益信息带给人们的是积极、健康、向上的交流;各种有害信息,诸如色情、凶杀、虚无缥缈的模拟、荒诞离奇的聊天等,会使人们变得或者消极、颓废、厌世,或者粗暴、凶狠、残忍。关键在于如何正确认识和利用网络,运用得当,带给人们的是幸福;运用错误,带给人们的是灾难。

中小学生处于发育成长阶段,身处信息社会,应该初步认识网络,能够上网浏览或下载所需要的信息,使网络成为自己成长的好伙伴、好助手,拒绝网络、谈网色变,是多余的。但是,一定要做到上网不迷网,正确利用网络。什么是迷网?迷网就是一门心思沉浸在网上，玩起游戏便把学习忘得一干二净，分不清好坏，甚至深陷在有害内容和无聊垃圾里不能自拔，整天无精打采、萎靡不振，严重影响了学习与身心健康。

上网不迷网的关键在自己，在自己要把握好人格走向。每个同学都希望自己成为受人尊重的人，成为对社会有所奉献的人，成为让父母骄傲的人。如何才能成为这样的人呢？因素可以罗列很多，但最重要的是自己，是自己的主观因素。面对诱人的网络，有的人或者沉溺于游戏，或者被粗俗的色情内容俘虏，结果走了弯路、摔了跟头。猛然醒来，才知道全是迷网惹的祸。在网络日益普及的今天，应该怎样做，不应该怎样做，规章制度和成人监督只是外因，如何正确认识和使用网络是在内因，在自己的人生理想。所以，能否做到上网不迷网，特别是拒绝网上垃圾，厌恶色情传播，关键是要有一个远大志向，不为诱惑所动，走好自己的路。

为了做到上网不迷网，还可以制订一个上网计划或公约，并严格按照计划上网活动。目前，许多学校都开通了校园网、局域网，这是专门面向师生的，积极参与学校的网络活动，会学到许多课本上学不到的东西。同时，学生时代要把活动的重点放在集体上，在集体活动中展示自我、学习别人，才是健康成长的主要渠道。

见多识广说旅游

旅游是一种学习，每一次旅游，都会有每一次的收获，它能让人向真、向善、向美。

旅游是一种学习，能让人见多识广。

旅游是一门学问，古今中外有关旅游的学术著作举不胜举。

旅游是一项事业，随着社会的发展，旅游业越来越被世界各国重视。

旅游是一种实践，徜徉在风景如画的自然环境里，沉浸在底蕴厚重的人文景观中，欣赏着民俗与风情，体验着甘苦与艰险，简直是一次洗礼，洗刷着污垢，感悟着人生。面对高山，你会感受到它的挺拔与坚韧；面对大海，你会体会到它的宽容与大度；面对溪流，你会领悟到时间在无声无息中流淌；面对树木与小草，你会感觉到草木倔强的性格；面对美轮美奂的古代或现代建筑，你会更加钦佩人类的勤劳与智慧；面对五彩缤纷的民俗民情，你会享受到人世间的友谊与温暖……每一次旅游，都会有每一次的收获，它能让人向真、向善、向美。

如果有条件，可以利用寒暑假与父母一起外出旅游。如果条件暂时不具备，可以利用双休日，或者由父母带领，或者与同学结伴就近游览，了解当地的自然风光、民俗风情、古代建筑、人文历史、变迁过程。通过旅游，既调节了情绪，又增长了见识，对于每个同学的健康成长都是大有好处的。

旅游是一种休闲，严格来说是不错的。人是需要休息的，不会休息的人就不会工作。"文武之道，一张一弛"，总是绷得那么紧张，不会放松，时间长了不仅没有好的效率，而且还会对身体造成伤害。所以，在紧张的学习之余，有计划地外出旅游或就近游览，是一种积极的休息，它不会影响学习。

参与旅游需要注意的问题很多，对于中小学生来说重点要做到以下几点：第一，在旅游过程中，自己的事自己做，不要让父母代劳，更不要让父母操心；第二，注意安全，不能去的地方不去，不能做的事情不做，严格按照导游的导向进行，切不可好强冒险；第三，文明礼貌，尊老爱幼，说话、做事、就餐、住宿，都能体现学生的文明风采；第四，留心观察，细心体会，在旅游中悟出一些道理，学到一些知识。

为什么应该孝敬父母

> 孝敬父母，是一种美德。父母是生命的源泉，一定要懂得感恩，知道回报。只有孝敬父母的人，才可能关爱社会、关爱他人。

中国人是十分注重"孝道"的，把"忠"与"孝"作为最基本的道德准则，要求每个人对国家要"忠"，对父母及长辈要"孝"。

俗话说："养儿才知父母恩。"为什么养育了儿女才知道父母的恩情呢？原来自己没有儿女前，体会不到父母的辛苦。身为父母后，经过十月怀胎、艰难生育、辛勤抚养，才懂得了父母恩重如山、情深似海。前些日子，有的学校给学生布置了"为父母洗一次脚"的家庭作业，我想是为了让学生懂得感恩，知道回报。且不说父母在养育孩子上付出的劳动，单就十月怀胎所经历的艰辛，每个人终身都是难以回报的。记得在一份报纸上曾经刊登过一篇文章，从多个方面说明了母亲十月怀胎的辛苦，并让孩子们实际体验、感悟。为此，不能挑食拣食，因为母亲妊娠期间不论有多么强烈的反应，不管喜欢吃与不喜欢吃，为了胎儿，都必须摄入足够的食物营养。为此,每天负重三公斤的东西,照样生活、工作。为此,十个月不准得病,得病也不准随便用药,因为母亲在十月怀胎期间是不能得大病、乱用药的,患病、用药会影响胎儿发育。为此,三个月内睡觉不能随意翻滚,必须仰卧,因为怀胎至七个月时,随意躺卧可能挤压了胎儿。全世界都承认母亲是伟大的。母亲的伟大就伟大在这些细节上、小事上,伟大在为了子女甘愿吃苦受累,甚至作出牺牲上。

孝是表现,爱是基础。只有对父母满怀敬与爱,才会做到孝。

一个人,只有孝敬父母,才可能关爱社会,关爱他人。道理很简单,假如一个人连父母都不知道感恩,不知道孝敬,那他一定是个狭隘自私的人,光懂得索取,不懂得回报。这样的人是不能理解也不会去关爱他人的。

对父母及长辈的孝敬是多方面的,其实仔细琢磨一下,父母对子女的要求并不过分。有一首《常回家看看》的歌就说得很清楚:洗洗碗、捶捶背、聊聊天、说说工作,就是对父母的孝敬。对父母孝敬最重要的标志是做好自己的事,让父母放心、安心、静心,这是父母最大的心愿。同时,心里要有父母,协助他们做一些应该做的家务,特别是在他们需要的时候,能够解决他们的困难。

父母是生命的源泉,一定要懂得感恩,知道回报。孝敬父母,是一种美德。

讲卫生是一种习惯

讲卫生是一种可以养成的习惯。个人卫生是公共卫生的基础,从小处说,它关乎个人健康;从大处说,它涉及社会风尚。

有人说,讲卫生是一种习惯,我不同意,为此还和人家争论过:讲卫生就是讲卫生,怎么是一种习惯?难道不习惯就可以不讲卫生?可是,后来的两件事让我改变了看法。

一件是关于洗澡。我不爱洗澡,常常是催得多了,逼得紧了,没办法应付一下。有一年,家里装了热水器,正逢七月,家里人洗完后,逼我也洗洗。好在正遇热天,洗起来方便,有时一周一次,有时一周两次。三个月后,你说怪不怪,一周不洗澡便觉得不舒服。我想,是三个月形成的习惯。另一件是关于剪指甲的事情。有一年,我的头部患上了脂溢性皮炎,奇痒难忍时便用手挠。由于指甲长,越痒越挠,越挠越痒,结果,有的地方破了,有的地方肿了,严重到不得不去医院治疗。医生开了处方后告我:皮肤病不能挠,越挠越严重。看见我的指甲较长,又建议我常剪指甲。我从医院回来后的第一件事便是剪指甲。半年后,脂溢性皮炎好了，也形成了剪指甲的习惯，至今，我的指甲总是短短的。

这样看来，讲卫生其实是一种习惯，是一种可以养成的习惯。比如饭前洗手、不随地吐痰、不乱扔纸屑、早晚刷牙，定期洗澡、理发、剪指甲以及更换内衣内裤等，其实并不复杂，也不是难以做到的，关键在于去做。时间长了，就会逐渐养成习惯，讲究个人卫生也就成了自然而然的事。人们常说"习惯成自然"，就是说一旦形成了习惯，就会成为不容易改变的行为。如果人人都讲究个人卫生，都具有这种良好习惯，就会形成美好的社会风尚。

个人卫生是公共卫生的基础。人人都注重个人卫生，我们这个民族就会更加容光焕发；大家都不随地吐痰，不乱扔纸屑、废物，大地必然整洁美观；家家都能把房前屋后打扫得干干净净，整个环境一定会亮丽诱人。个人卫生，忽视不得。从小处说，它关乎个人健康；从大处说，它涉及社会风尚。为了自己，更为了社会，让我们从个人卫生做起，养成讲卫生的好习惯。

学会关爱

　　学会关爱是人生的重要内容，因为世界上所有的人都是需要关爱的。

　　有一首《爱的奉献》的歌，男女老少都喜欢，只要唱起来，人人都会沉醉在爱的享受与憧憬中。歌词的最后两句是："只要人人都献出一点爱，世界将变成美好的人间。"可见，爱的力量是伟大的，她可以改变世界。因此，要学会关爱。

　　爱是无私的，也是不求回报的。如果为了自己或求得回报而去爱别人，一方面会让爱变了味，别人难以接受，甚至不愿接受；另一方面当你权衡是否可以得到回报以及回报的大小时，很可能因为没有回报或回报极小而放弃爱的举动。所以，爱的本质是奉献，无私的爱、不求回报的爱，才是真正的爱。

　　爱是多样的。对于有些人，体贴、安慰的话是爱；对于有些人，关切、同情的眼光或表情是爱；对于有些人，动动手，动动腿，付出一点力气是爱；对于有些人，给予力所能及的经济帮助是爱；对于有些人，甚至默默无语也是爱。总之，只要有了爱心，就会倾其所有，在所不惜。

学会关爱是人生的重要内容，因为世界上所有的人都是需要关爱的。学会关爱要首先从关爱父母开始，理解他们的辛勤，理解他们的期望，在他们需要的时候给以必要的帮助。然而，从根本上说，关爱父母最重要的是做好自己的事。拿我们学生来说，在思想品德上严格要求自己，使自己成为一个对社会负责的人；在科学文化知识的学习上踏实认真，使自己成为一个对社会有用的人；在身心健康上加强锻炼，使自己成为一个进入社会后适应能力很强的人，这就是做好自己的事。自己的事做好了，就是对父母辛勤劳作的回报，就是对父母殷切期望的满足，也是对父母最大的关爱。学会关爱还要从身边的人和事做起，关爱老师，关爱同学，关爱邻里，进而关爱所有需要关爱的人。

　　关爱别人实际上也是关爱自己，因为所有的人都关爱别人了，自己也就被别人关爱了，道理就这么简单。

与人相处要大度

在人生这条道路上,人际关系是非常重要的,与人相处要大度,这样你会感受到友谊,感受到快乐。而大度就是真诚,就是豁达。

一则资料里引用卡耐基的话说:一个人的成功,人际关系占80%,专业知识只占15%。如何对待这一观点,各人有各人的理解与态度,不可能强求一致。但是,它从另一个侧面告诉我们,在人生这条道路上,人际关系是非常重要的,而与人相处则要大度。

何谓大度?

大度是真诚。人与人之间,互相尊重、以心换心是至关重要的,而真诚则是互相尊重与以心换心的基础。这里的真诚包括两个方面的含义:一方面,自己的想法、困难、成功、失败、困惑等要透明,让人觉得你是一个胸怀坦荡、光明磊落、可以信任、值得交往的人;另一方面,对别人的想法、困难、成功、失败、困惑等要理解,特别是当别人需要时,能伸出援助之手,给以力所能及的帮助。这种帮助,既包括帮助别人克服困难、走出困境,又包括帮助别人改正错误、改正缺点、走向新的起点。

大度是豁达。与人相处要有气量,能容忍,特别是在一些鸡毛蒜皮的小事上不斤斤计较,不耿耿于怀。每个人都有每个人的优点,也有每个人的缺点;每个人都需要别人帮助,也一定帮助过别人。虚心学习别人的优点是豁达,帮助别人改正缺点、容忍别人的个性与习惯也是豁达;别人需要时慷慨帮助是豁达,帮助了别人不计较得失、不记在心上也是豁达。一位政治家要出任国家首相,临行前去向母亲辞行,请教需要注意什么。他的母亲说:"别人对你的好处,要永远记住;你对别人的好处,要立刻忘掉。"这位母亲是豁达的,并告诫儿子要豁达。

孔子说:"君子坦荡荡,小人长戚戚。"君子是人格高尚的人,这样的人胸怀坦荡、心胸宽广;小人是人格低下的人,这样的人常常为一件小事忧心忡忡、斤斤计较。孔子说的"坦荡荡"就是大度。

现在对同学、对老师、对家长,将来走向社会后对同事、对领导、对一切交往的人,只要你能大度相处,就一定会在相处中感受到友谊、享受到快乐。

同情是一种美德

同情是对弱者的帮助，对强者的赞赏，对恶者的挑战。对弱者的同情是文明，对强者的赞赏是向上，对恶者的挑战是爱憎分明、疾恶如仇。

我还没有退休时，一位下乡支教的老师向我袒露了他的感受。他说虽然我们的生活得到了很大的改善，但是在农村，特别是交通不便的偏僻山区，人们的生活水平还很低，相当一部分孩子上学还很困难，有的甚至因交不了必要的生活费用而退学，还有的吃不起集体伙食，靠家里带的馍馍、咸菜坚持学习。说到动情处，他为不能帮助这些孩子而惭愧，甚至认为自己是无能的、贫穷的。我听了很受感动，既为家庭暂时困难的孩子揪心，又为这位老师"忧天下"的情操感动。虽然我也和他一样没有"扫尽贫穷家家富"的本领，但我还是真诚地对他说："你不无能，也不贫穷，同情心是最大的财富。你有同情心，你是世界上最富有的人。"

同情是对弱者的帮助。弱者的表现是多方面的，一时失败是弱者，遇到困难是弱者，力不从心是弱者，不被理解是弱者，等等。弱者不是天生的，而是人生路上必然经历的。谁敢说他这一生不会有失败，不会有困难？又有谁敢说他这一生做什么都能得心应手、都会被人理解？同情弱者是善良的表现，心存善意，一定会伸出援助之手，帮助弱者渡过难关。

同情是对强者的赞赏。强者的表现是顺利，是成功，是奉献，是经过努力之后人们的认可。强者也不是天生的，而是摸爬滚打的结果。赞赏强者是心胸豁达的表现，能够赞赏别人的成功，必然会看到自己的不足，而善于发现不足与差距的人，一定会虚心学习他人之长，弥补自身之短，从而登上新的高峰。

同情是对恶者的挑战。世界上，善与恶是并存的。虽然善是主流，推动着时代向前发展，但恶的破坏力却不可低估，它往往堵塞潮流、影响和谐、妨碍发展。以权谋私、坑蒙拐骗、口是心非、损公肥私、腐化堕落、行凶害命……伤害着弱者，妨害着强者。敢于向恶者挑战，包括揭露、抵制、鞭挞，就是同情弱者、赞赏强者，就是维护社会的和谐、推动历史的发展。

对弱者的同情是文明，对强者的赞赏是向上，对恶者的挑战是爱憎分明、疾恶如仇。

同情是一种美德。

善于保护自己

保护自己不受伤害是人的本能。法律是保护自己的最好武器，注意安全是自我保护的一项主要内容。

保护自己不受伤害是人的本能。但是，如何保护自己却是大有讲究的。

法律是保护自己的最好武器。《中华人民共和国教育法》《中华人民共和国教师法》《中华人民共和国未成年人保护法》等，集中规定了对中小学生的保护内容，体现了党和国家对下一代的关怀。学生的权利是法定的，享有受教育权、人格权、身体健康权、自由表达权、人身自由权、隐私权、通信自由权和通信秘密权、财产权、获得公平评价权、休息权、申诉权和诉讼权以及其他权利……知道了享有的权利，就要拿起法律武器，保护属于自己的权利。同时，学生也必须履行自己的义务，主要是：遵守法律、法规；遵守学生行为规范，尊敬师长，养成良好的思想品德和行为习惯；努力学习，完成规定的学习任务；遵守所在学校或者其他教育机构的管理制度。所以从小确立法律意识是十分重要的。只有学法、知法、守法，才能规范自己的行为，受到法律的保护。如果错误地认为法律是成人的事，与自己关系不大或没有关系，那是非常危险的，轻则自己的权利得不到保护，重则触犯法律或不履行义务，将要根据违法违纪行为的情节严重程度承担相应的法律责任。

注意安全是自我保护的一项重要内容，也是家庭、学校十分关注的。谁都懂得珍惜生命，但珍惜生命的主动权在自己，在自己的行为要规范。比如，要想交通安全，就必须遵守有关的交通法规，不遵守交通规定，就会受到违规的惩罚；要保证身体健康，除了遵循有关科学常识外，还必须约束自己的行为，不吃不喝非正规的食品、饮料等。其他诸如不在有危险的地方玩耍，集体活动不拥挤、不起哄，游泳、旅游不到无安全标示的地方，防止触电、中毒，远离吵嘴打架现场等。只有增强自我保护意识，才能保证自身安全。

善于保护自己的另一个不可回避的问题是人身安全，特别是异性之间的交往要互相尊重、互相爱护，每个人都要自尊、自重、自爱，清醒地意识到学生时期的主要任务是学习，只有把全部精力用在学习与成长上，才能成为一个对社会、对国家有用的人，这是最大的自我保护。

作弊是自毁

> 作弊意味着自己毁灭自己。与其自毁，不如不
> 毁。如若不毁，就必须踏实刻苦、严于自律，做老实
> 人、办老实事。成功永远属于那些勤奋、守信的人。

一位到国外考察的朋友告诉我，他在一些学校发现，考试时，老师把卷子发给学生，可以在学校完成，也可以带回去在家里完成，老师并没有告诫学生要独立完成，也没有不准看书，不准问人的警告，但是校方介绍说，至今尚未发现有作弊的学生。

听了介绍，我为这种考试方式叫好。好在学校以学生为本，充分理解学生、尊重学生、相信学生；好在打破了考试的神秘感，视学习为生活，让学生在没有压力的情况下去完成学习任务；好在把学生放在实践中去认识诚信，培养诚信的品德。

由此，我也想到了我们的考试。且不说考试次数多得惊人，单说考场纪律就让人哭笑不得，作弊方式五花八门，甚至用上了"现代手段"。一个教室好几个监考老师已经不够，不得已还用上了"现代化设备"——监视器。如何改革考试内容与方法，那是别人的事；如何对待考试，应持何种态度，那是我们的事。我要

说的是，不管考试方法改不改，我们作为学生不能作弊，因为作弊意味着自己毁灭自己。

无论有多少理由，考试作弊都是不能被人接受、无法让人原谅的。第一，作弊的人往往心存侥幸，一次得手，拿到了高分数，便觉得"得来全不费工夫"，于是平时学习不刻苦，总想凭小聪明去应对考试。结果，知识的基础不牢靠，就像现在好多建筑那样，是"豆腐渣"工程，白白度过了精力充沛的学习年华。第二，作弊的根源是不老实，既不想付出"苦"，又想得到"甜"，于是便自欺欺人。诚实守信是做人的根本，孔子就说过："人而无信，不知其可也。"意思是说：一个人不讲信用，那就不知道他有什么可取的了。你看，诚信是何等重要，不讲诚信，考试作弊，无疑是自己毁灭自己。第三，如果对考试作弊的危害性缺乏深刻的认识，总想侥幸作弊，其后果是可以想见的。轻则被人发现，受到纪律处分；重则将来走向社会、参加工作后，还可能欺骗他人，欺骗社会，沦落成一个不守信用、弄虚作假的人。

与其自毁，不如不毁。如若不毁，就必须踏实刻苦、严于自律，做老实人、办老实事。成功永远属于那些勤奋、守信的人。

趁早锻炼

体格健壮既是现在学习的基础，又是将来工作的基础。所以，趁着年轻，赶紧锻炼。

一位老师告诉我，别以为现在生活好了，学生们的体质问题就不大。其实，华丽外表的背后掩盖着非常严重的隐患。比如，近视眼比例不断增加，有的同学肥胖得行动不便，有的同学又瘦弱得难经风雨，相当一部分同学经过一天的紧张学习后显得筋疲力尽，甚至还有神经衰弱、高血压的现象。班里还有一个同学因健康原因而休学。听了这位老师的话，让我想起了平时看到的和听到的一些情况：相当一部分同学不能按时作息，起床由父母叫，睡觉由父母逼，几乎没人坚持早锻炼；下午课外活动多数同学没有正儿八经的运动，做眼保健操、广播体操不认真、不投入，应付差事。我要告诉同学们的是：不要以为疾病离自己很远很远，如果不注意，那将是很近很近；不要以为因病不能坚持学习的只不过占学生总数的百分之几或零点几，但是一旦落到自己身上那将是百分之百。

对于学生来说，早操、课间操、课外活动是重要的锻炼时间，也是重要的锻炼内容，关键在于正确对待、认真参与。比如，眼保健操和广播体操，为什么要那样编排，每一节都有每一节的科学依据，每一节都有着锻炼某个部位的作用，认真去做，坚持下去，一定会对身体有好处。如果马虎应付，只是简单地蹬蹬腿、伸伸腰、揉揉脸，那是自己哄自己，是不起作用的。再比如下午的课外活动，是一天紧张学习后最好的放松活动，是一种积极休息，如果能选择一至两项自己喜欢的活动全身心地投入进去，不仅活跃了生活，缓解了压力，而且锻炼了身体，无论对自己的现在还是未来，都是大有好处的。

体格健壮既是现在学习的基础，又是将来工作的基础。对于任何人，身体健康都是至关重要的。如果没有一个好的体质，今天这里痛，明天那里疼，上班无精打采，下班筋疲力尽，再好的愿望、再大的理想，都是无法实现的。常常有人说："心有余，力不足。"什么是力不足？除了知识、能力外，还有一层意思是身体，是身体不能适应从事的工作。所以，趁着年轻，赶紧锻炼。

关心环境也是关心自己

关心和爱护环境，除了改变原有的观念外，更重要的是从现在做起、从自己做起、从小事做起，养成一种良好的行为习惯。

山西省的蒲县有一座东岳庙，其中有一部分展示的是所谓的"十八层地狱"，用雕塑的形式展示了如果人做了坏事，将来会受到的各种惩罚。比如，虐待公公、婆婆，将来要下油锅；偷盗别人的东西，将来要被吊死；行为不端，男盗女娼，将来要被五马分尸……虽然属于迷信，但在封建社会确实也起了一定的作用。原先，寺庙内外及整个山峦，松柏成林，郁郁葱葱，环境很是幽雅。不知从什么时候开始，有人偷砍树木，树越来越少了。后来，这个县的知县想出了一个办法，在庙会的前几天，知县写了一副对联，镌刻在寺庙的大门两旁。上联是：伐吾山林吾无语；下联是：伤汝性命汝难逃。结果谁也怕伤了性命，不敢砍树了。又过了很长时间，树木成林，鸟语花香重新展现在人们面前。这位知县是用迷信告诫人们：乱砍滥伐是要遭到报应的。用现代的观点说，违背科学规律的乱砍滥伐，是要受到惩罚的。

前不久听人说有一个村,不顾禁令,私采乱挖,这里一个坑,那里一个洞,采了煤,卖了钱,修了房,但是也破坏了环境,结果遭遇水灾,全村地基大面积下陷,三分之一的房屋倒塌,还造成了人员伤亡。老百姓在事实面前懂得了保护环境的重要性。

人在改造客观世界时必须遵循客观规律,违背规律,必然会受到惩罚。环境对于人类来说是至关重要的。大气受到污染,我们吸入的是污浊的空气;水源受到污染,我们食用的是有害的淡水;植被受到毁坏,我们赖以生存的土地将会大量流失,随之而来的是飞沙走石、尘土满地;有些动物被大量捕杀,就会破坏生物链,形成恶性循环……这些现象说明,我们必须和环境和谐相处,关心环境也是关心自己。

关心和爱护环境,除了改变原有的观念外,更重要的是从现在做起、从自己做起、从小事做起,养成一种良好的行为习惯。比如不随地吐痰,不乱扔纸屑,不踩踏草皮,不毁坏树木,不捕杀有益昆虫和动物,不随意乱扔用过的生活垃圾……只要人人关心,我们一定会拥有一个蓝天、碧水、青山的优美环境。

切莫忽视这些小事

一滴水可以折射出整个太阳，一件小事可以看出一个人的品行；任何人的成功，都是从一点一滴的小事做起的。

新华网有一篇《家长十大陋习"害"孩子》的文章，这十大陋习是：①违法跨越隔离带；②随意把杂物抛到车外或者从阳台上将垃圾抛到楼下；③相互攀比；④践踏草皮，攀折花木；⑤说脏话；⑥乘坐公交车不为老人、儿童、孕妇、残障人士等特殊人群让座；⑦对老人不礼貌、发脾气，甚至打骂老人；⑧取笑身体残疾或者有缺陷的人；⑨在医院、图书馆、剧场大声喧哗；⑩将公共物品据为己有。

初看这个资料，有些人也许不以为然。这些再简单不过的小事，何以能成为"十大陋习"？又怎么能够"害"了孩子？未免危言耸听。但是仔细一想，绝非耸人听闻，如果忽略了这些不起眼的小事，将会造成巨大的灾难。比如现代交通设施中，无论城市道路还是高速或普通公路，普遍设有隔离带或隔离网、隔离栏，这是不能随便跨越的，如果任意跨越，则可能发生交通事故，轻则受伤，重则人亡。假若父母不以为然随意带着孩子跨越，孩子就会以父母为榜样，在没有父母的情况下，为了少走几步，而任意跨越。一旦发生事故，后果可想而知，这不是害了孩子？再比如说脏话，许多父母不经意间说出粗话、脏话。听得多了，时间长了，孩子也会"习惯成自然"，无意识地学着父母说粗话、说脏话。如果不加制止，任其发展，大人会觉得这样的孩子缺乏教养，小朋友也会觉得这样的同学没有礼貌。时间长了，孩子会陷入孤独、郁闷、自卑的困境，这不是害了孩子吗？

虽然上述十大陋习是针对有的父母说的，除十大陋习外有的父母还有其他陋习，但是它提醒我们：任何人的成功，都是从一点一滴的小事做起，无数的小事铸就了成功；任何人的失败，都是忽略了简单的小事，无数次小的失败导致了最后的失败。一滴水可以折射出整个太阳，一件小事可以看出一个人的品行。

小事不小，切莫忽视这些小事！

道歉不耻

认识道歉、学会道歉、勇于道歉，失去的是缺点，得到的是尊重。

现实生活中，人们常常会伤害别人，有时候是说话给别人造成难堪，有时候是行为给别人带来不便，这些小的矛盾是正常的，也是难免的。虽然这种伤害绝大多数都是无意识的，人们也可以谅解，但是一旦给别人造成了难堪或不便，就应该懂得道歉，因为道歉不耻。

大家都知道廉颇、蔺相如的故事。廉颇居功自傲，藐视为赵国维护尊严的蔺相如，三番五次傲慢挡道，给蔺相如以难堪。蔺相如顾全大局，再三忍让，显示了可贵的道德修养；回府后，廉颇扪心自问，思虑再三，顿觉不妥，于是亲至蔺府，负荆请罪，留下了一段"将相和"的佳话。千百年来"将相和"的故事为什么能够深深扎根在人们的心中？一方面固然是人们敬佩蔺相如博大的胸怀和高尚的道德修养；另一方面也是敬佩廉颇知错就改和不耻道歉的人格魅力。廉颇没有因为负荆请罪而影响了他的形象，反而由于他的自责、道歉使他变得更高大、更可爱。

学会道歉是一个思想认识的过程。人际交往中,谁都可能给别人造成难堪、不便,甚至困难。一旦出现这种情况,最好的办法是表示歉意,求得对方的理解与原谅。这样做,丝毫不会影响自己的尊严,降低自己的人格,反而能赢得别人的尊重。试想,如果应该道歉而拒绝道歉,别人会怎么想呢?一定会说这是一个缺乏修养、没有礼貌的人,是一个需要避而远之、不可交往的人。

勇于道歉是一个品德升华的过程。有的人知道应该道歉而没有道歉,是缺乏勇气的表现。虽然这要比从根本上就不懂得应该道歉好一点,但是还需要升华,而升华的动力来自勇气。勇气是什么?是坦荡的胸怀,是磊落的人品。所以,道歉背后的本质是一个人的素质与修养,有道德、有素养的人,是不会在应该道歉时而不去道歉的。

认识道歉、学会道歉、勇于道歉,失去的是缺点,得到的是尊重。

道歉其实很简单——勇敢而真诚地对别人说:"对不起""请原谅"。

每个人都是天才

每个人都是天才，要自己看得起自己，自己相信自己，这是成为天才的动力源泉。

丁俊晖被誉为"台球天才"，2002年釜山亚运会时，年仅15岁的他就取得冠军，以后又在多项世界赛事中折桂夺冠。2006年多哈亚运会上，他又一次夺得冠军。当记者采访他时，他谦虚地说其实每个人都是天才，只是有的人怕苦怕累、半途而废了，所以没有成功。

丁俊晖的话是有道理的。事实证明，每个人都有自己的潜能，有的表现在语言方面，有的表现在数学方面，有的逻辑思维潜力很大，有的运动系统异常发达，有的音乐才能亟待激发，有的想象能力超乎寻常……每个人都是一座藏量丰富的矿山，只要开发出来，谁都可以熠熠生辉。

现在的问题是谁来开发。对于学生来说，老师是重要的，他们为学生传授知识、解疑答难，老师的工作就是开发智力、挖掘潜能，所以要尊重老师。家长是重要的，他们为孩子早晚忙碌、创造条件，每一位家长对孩子都寄托着美好的希望，期盼孩子长大成人、有所作为，所以要感恩父母。但是，老师与家长的作用只是外因，是外部条件，真正起作用的是自己，是自己的信心、意志、毅力等组成的心理品质和不怕挫折、肯于吃苦、勇于求新的奋斗精神。大量研究表明，人的智力因素基本上是相近或相同的，但是为什么有的人优秀，有的人平平，有的人甚至是失败呢？原因在于心理素质和奋斗精神。正像一位卓有贡献的科学家回答记者的提问时所说的那样：我的成功，是一分天才加上九分勤奋。你看，天才占一分，九分是勤奋，可见勤奋是关键。

学生时期的主要任务是学习，学习做人，学习知识，学习思考，学习创新。学习从本质上说也是一种实践，运用学到的知识去解决学习上或生活中的问题，按照应有的标准去为人处世，利用各种教育环节锻炼提高自己的动脑、动口、动手能力。原本自己不懂的要弄懂，不会做的要学会做，这就需要开动脑筋、付出代价，需要不怕苦、不怕累。

每个人都是天才，要自己看得起自己，自己相信自己，这是成为天才的动力源泉。

每个人都是天才，要不怕吃苦、不怕挫折，这是成为天才的唯一途径。

放飞想象（一）

注重想象，放飞想象，善于和敢于想象的人不仅能让现实变得更精彩，而且会让人生变得更辉煌。

想象力是一种重要的智力因素，我们经常说的智慧和聪明，很大程度上表现在想象力的丰富、浪漫与深远上。但是，有不少老师和学生却忽视了想象力以及想象力的培养，仅仅把眼睛盯在观察力、注意力、思维能力、记忆力上。认识和理解想象力的重要性，尽快走出忽视想象力的误区，是全面提高自身素质的当务之急。

什么是想象呢？想象就是在已有知识和经验的基础上，对记忆里的形象通过加工改造重新建立新的形象。想象的内容是丰富多彩的，比如有现实中存在而本人还不曾感知的；有现实中尚未出现而需要去创造的；有现实中根本不可能存在的。想象不是空穴来风，而是以现实为依据的。我们反对脱离实际的凭空想象，反对不切合本人实际的胡思乱想。但是，用占有的知识和已有的经验为基础的想象，用现实生活中已经存在和可能存在为依据的想象，不仅是重要的，而且是必要的。

一个人需要不断创新，只有不断创新才能不断前进。一个民族、一个国家需要不断创新，只有不断创新才能兴旺发达。创新精神是一个人，也是一个民族、一个国家的灵魂。正因为这样，党和国家十分重视培养学生的创新意识和创造能力，不少学校甚至提出了创新教育的办学理念。

想象是一种思维方式，虽然受知识与经验的限制，学生的想象力不如成年人那样深刻、清晰，但是善于和敢于想象依然是十分重要的。通过想象，激发和强化自己的兴趣与观念，进而坚定信念、摆脱限制、超越局限，实现自己的理想。"不想当将军的士兵不是好士兵"，这是一句广为流传、人人皆知的话。从士兵到将军，有着很大的距离，可是连想都不敢想，那还有什么向上的动力？

爱因斯坦曾经说过："想象力比知识更重要。因为知识是有限的，而想象力囊括着世界上的一切事物，推动着进步，并且是知识进化的源泉。"注重想象，放飞想象，善于和敢于想象的人不仅能让现实变得更精彩，而且会让人生变得更辉煌。正如有人说的那样："生命是有限的，但想象力将会使短暂的生命变得永恒。"

放飞想象（二）

想象是向上的翅膀，创新的动力，成功的希望。人要大胆想象、善于想象，在想象中丰富和完善自己。

平时注意观察、体验、积累，是想象力的基础，这个基础打好了，就像做饭有了材料、写作有了素材、发言有了内容、买东西有了金钱，想象才有内容，才会像放飞的风筝一样漫天翱翔。比如一篇课文，只有透彻地理解了内容，想象才会清晰、准确。如果对课文的理解似是而非，那么想象就一定是模糊不清的，这样的想象是没有意义的。而对于数学，只有深刻理解了定义的内涵，才能做到举一反三、触类旁通。再比如参与各种实践活动，只有全身心投入，有了切身的体会和收获，反思本次活动，设想另一次活动，才会富有新意。如果对实践活动采取应付态度，缺少深刻的体会和应有的收获，不仅会对活动本身失去兴趣，而且也缺失了进一步想象的基础，长此下去，将会形成恶性循环。不感兴趣、没有收获的实践活动对自己的成长是不利的。

敢于想象是培养和提高想象力的关键。一个人如果想学会游泳，首先要敢于下水，如果不敢下水，是永远学不会游泳的；一个人如果想登上高山，看到更远的风景，首先要敢于攀高，一点苦也不想吃，一点累也不想受，站在原地打转转，是永远领略不到登山的乐趣的。人类的文明史离不开想象，不敢想象在天空飞行，可能研制不出飞机；不敢想象汽车、火车，人们可能还在使用牛车、马车、手推车；不敢想象征服太空，可能研制不出火箭、卫星；不敢想象更先进的能源，可能出现不了核电厂。想象激发了创新，创新带来了文明，对整个人类社会是这样，对每个具体的人也是这样，只有敢于想象才能不断向上。有一句广告词说得好："心有多大，舞台就有多大。"我要说：只有敢于想象，才可能出现奇迹。

善于想象是一种科学精神，它是以经验、知识、现实为依据的正常思维，绝非脱离实际的空想，也非不切实际的幻想。所以，想象首先要从联想开始，从已知的一件事开始，由表及里、由浅入深、由此及彼地去想象，从而进入一个新的领域。想象还可以从假设开始，假设一件事不是这样，可能会是什么样？假设一件事是这样，发展下去可能会出现什么？这样翻来覆去地想，一方面加深了对现有知识的理解，另一方面锻炼了思维的灵活性，对于自己的成长是大有好处的。

想象是向上的翅膀，创新的动力，成功的希望。人要大胆想象，放飞想象，在想象中使自己成为拥有知识的人、富有激情的人、勇于创新的人。

关键在于把握现在与将来

任何人的一生都不可能是平坦笔直、一帆风顺的，有成功一定也有失败，有喜悦一定也有苦闷，有顺利一定也有坎坷。关键要把握现在与将来，以饱满的热情投身于现在。

《哈佛家训》里，有一段教师菲拉转变26个"问题学生"的故事，读后让人感动。

故事情节是这样的：面对26个孩子，菲拉没有训斥，而是出了一道选择题，让他们从三个人中选择一位最受人们敬仰的人。A是笃信巫医，有多年吸烟史且嗜酒如命；B是曾经两次被赶出办公室，每天要到中午才起床，每晚都要喝大约一公升的白兰地，而且有过吸食鸦片的记录；C是曾经的国家战斗英雄，一直保持素食习惯，热爱艺术，偶尔喝点酒，年轻时从未做过违法的事。很自然，孩子们选择了C，认为他品德高尚，一定会成为精英。然而，菲拉的答案却让这些学生大吃一惊。其实，这三个人都是二战时期的著名人物：A是罗斯福，身残志坚，连任四届美国总统；B是丘吉尔，英国历史上著名的首相；C是夺去几千万人无辜生命的法西斯元凶希特勒。菲拉告诉这些孩子："你们的人生才刚刚开始，以往的过错和耻辱只能代表过去，真正能代表一个人一生的，是他现在和将来的所作所为。"

我在敬佩菲拉的同时，想得更多的是人生。

任何人的一生都不可能是平坦笔直、一帆风顺的，有成功一定也有失败，有喜悦一定也有苦闷，有顺利一定也有坎坷。某些时候或某些事上，有清醒也有糊涂，有勇敢也有懦弱，有优点也有缺点，甚至错误。任何人都不敢说他只有成功没有失败，即使世界上最伟大的人也不敢说他没有缺点和错误。

任何人的一生都要经历过去、现在和将来三个阶段。聪明的人之所以聪明，是能总结过去、立足现在、追求将来；愚昧的人之所以愚昧，是抱着过去、懒于现在、不想将来。大量事实说明，凡是有所作为的人，都是把过去的成功与失败、功劳与错误当作财富，储存起来，轻装上阵，所以才铸就了辉煌。如果把过去当作包袱，必将会不堪重负、一事无成。

学生也有过去，尽管过去不算太长，但是也会有成功、有失败、有优点、有缺点，甚至有过错误，这些都是正常的。对于成功与优点，记住它，把它当作财富；对于失败、缺点与错误，也要记住它，把它当作动力。关键要把握现在与将来，以饱满的热情投身于现在。尤其是有过挫折与失败，甚至犯过错误的同学，更要记住海明威的一句话："人不是为失败而生的，一个人可以被消灭，但不能被打败。"

细节决定成败

"山以石峻,海为川归",无论做什么事都要从小事、从小节做起。

一位家长打电话告诉我,他的孩子粗心,许多应该做的事没有去做,不少应该做好的事又没有做好,原因都出在粗心上。因此,他告诉我应该写一篇提醒学生关注粗心问题、克服粗心毛病的建议。

这让我想起了"千里之堤,溃于蚁穴"的成语:偌大的一个堤坝,就是因为一个小小的蚁穴没有堵死,最终由于水越冲越大,大坝被水冲垮了。

这让我想起了前不久听到的两个关于招聘部门经理的故事。某公司计划招聘一名部门经理,经过笔试后,留下应聘者七人。一天,七人集中在饭店大厅准备乘电梯上楼面试。电梯旁边站着一位女士,旁边放着三捆资料,显然是女士要带到楼上的。七位应聘者中,六位旁若无人地进了电梯。只有一位客气地询问女士后,提起资料走进电梯。到达楼层后,又帮女士送到了办公室。七人坐定准备面试,公司总经理却已经有了面试结论:刚才那位帮助拿资料的人面试合格，决定录用。还有一家公司招聘员工，因为岗位重要、薪水不菲，应聘者众多。经过笔试、面试，只留下五人由总经理亲自测试。五个人坐在总经理办公室等待测试。按照原定的时间，十分钟过去了，不见总经理出现，二十分钟过去了，仍然没有见到总经理。这时候，多数应聘者忍耐不住了，有人在地上转来转去，嘴里还念念有词；有的走向书柜，查看总经理有什么好书；有人干脆走向总经理的办公桌前，翻看有关信息资料。这期间，只有一个应聘者正襟危坐，平静地等待总经理的到来。三十分钟后，总经理出现了。他向应聘者问好后，坐下来便宣布测试结果：刚才那位耐心等待的应聘者被录用。

帮助别人拿点东西，不随意翻看别人的材料，这些都是再小不过的小事。然而，正是这些小事成全了一些人，也淘汰了一些人。

大事是由小事铸成的。古人说："山以石峻，海为川归。"意思是说，高山是由一块一块的石头堆成的，大海是由一条一条小溪汇成的。自然界是这样，人生也是如此。父母无微不至的关怀，才养育了我们的血肉之躯；我们一点一滴地学习，才吸收了安身立命的营养。理想再大、志向再远，都要从现在做起、从小事做起，因为，细节决定成败。

话说冒险

冒险就是克服困难，摆脱逆境，减少阻力，挑战风险；冒险就是战胜自我，鄙视守旧，永不懒惰，超越常规。

列出这个标题，正要写的时候又产生了顾虑：冒险是需要付出代价的，主张冒险会不会引偏了方向？搁了几天，还是决定说一说。因为冒险是人类固有的一种精神，正是有了这种精神，才创造了不断更新的社会发展历史。于是，便冒着风险说一说冒险。

事实上，每个人的活动都处于各种矛盾之中，这些矛盾的表现形式有困难、逆境、阻力、风险等，解决矛盾的过程，就是人的成长过程，也是社会发展的过程。乘坐飞机会偶发事故，但不能因为怕出事故而不生产、不乘坐飞机；发射卫星会偶有失败，但不能因为怕失败而不生产、不发射卫星。农民没有因为担心天旱而不去耕耘，工人没有因为怕出次品而不上机床，军人没有因为惧怕牺牲而拒绝服役，学生没有因为担心失败而放弃考试，企业家没有因为存在风险而不去投资，运动员没有因为可能造成伤害而放弃比赛……世界上有了第一个冒险吃螃蟹的人，螃蟹才成了人们的美味佳肴；有了第一个冒险上太空的人，太空才可能成为人类常来常往的地方；有了第一个冒险征服南极、北极的人，南极、北极才有了众多的考察站；有了第一个冒险杂交配种的人，生物的种类才变得丰富多彩……可见，冒险就是克服困难，摆脱逆境，减少阻力，挑战风险；冒险就是战胜自我，鄙视守旧，永不懒惰，超越常规。

冒险不是蛮干、不是猎奇、不是赌博、不是斗气，如果违背科学、脱离实际，只能是以失败而告终。正像有人想潜到一千米的水下，试试强大的水压；有人想触摸电线，试试高压的威力；有人不会开车，却想体验开车的乐趣；有人不愿付出，却想得到丰厚的回报。所有这些只能是不切实际的空想，结果是可想而知的。

许多人都欣赏"人生难得几回搏"这句话，谁也不想成为胆小怕事、无所作为的人。拼搏是需要付出代价的，天上不会掉下馅饼，100分也不是想来的。我要说的冒险，就是不要满足于现状，不要只会跟在别人屁股后面，而要敢想敢为。只要遵循科学规律，符合自己实际，经过努力，一定会有所回报。

真正的富有

真正的富有不只是物质层面上的，还应是精神层面上的。自己富了便忘了别人、忘了社会、忘了回报，这样的生活只有物质、没有精神，表面是豪华、本质是空虚。

随着社会的发展，人们的精神生活和物质生活水平都有了极大的提高，这是好事。但是，与此同时也出现了值得关注的现象，那就是铺张浪费，盲目攀比。小车要坐最豪华的，住房要住面积最大的，衣服要穿最时尚的，化妆品要买最有名的，吃饭要找最火爆的，就连花钱也要比着花，自己的花完了再向父母亲讨要，以致出现了"月光族"，每个月的工资花得精光。对此，有人甚至还冠以"能赚会花，促进消费"的赞词。

这种现象在部分学生中同样存在，有的同学不懂得父母的艰辛，自行车追求名牌，衣着打扮追求时髦，就连背心、裤头也要讲究品牌。家庭富裕的，互相比富、夸富；家庭困难的，则产生了自卑、气馁的心理。

中央电视台《感动中国》栏目曾播放过全国政协副主席、著名企业家霍英东平凡而伟大的一生。霍英东身为富豪，生活却十分俭朴，吃饭从不讲究，甚至常常吃粗粮，皮鞋破了，修修再穿。身家数百亿元，行动却如常人，从来没有保镖。霍英东有着一颗强烈的爱国之心，几十年来仅他一人用于公益、慈善事业方面的捐赠物就达一百五十亿元人民币。霍英东的所作所为感动着中国，也促使我们应该思考：什么是真正的富有？

与自己的过去比，我们的现在是有了极大的改善。但是，与别人的现在比，我们还有不小的差距。小富即安，稍有改善便沾沾自喜，忘了过去，铺张浪费，其结果只能是倒退。我国是一个幅员辽阔、人口众多、条件不一的大国，虽然人们的生活水平发生了巨大的变化，但是相当一部分人只是解决了温饱，相当一部分人还没有摆脱贫困。自己富了便忘了别人、忘了社会、忘了回报，这样的生活只有物质、没有精神，表面是豪华、本质是空虚。

有一句话说得好："人吃饭是为了活着，但活着绝不仅仅是为了吃饭。"什么才是真正的富有？除了物质，还要有精神，包括理想、信念、道德、友谊、亲情、责任等。前几年，一位公司已有相当规模的个体老板非常苦恼，他说："除了金钱，我现在贫穷得一无所有。"于是，委托别人管理公司，他扎进书堆，迈进社会，拼命学习，去追求真正的富有。我想，他的想法与做法是有道理的。

农民是伟大的

每一个人都应该尊重农民，即使将来实现了农业现代化，农民成了专业的农业劳动者，仍然要尊重农民，因为农业是我们赖以生存的基础。

一天，走进学校的建筑工地，工人们正在用午餐，一碗几乎是用水煮出来的大白菜，两个比市面上卖的大得多的馒头，有的站、有的坐、有的蹲，吃得津津有味。我对大白菜情有独钟，又是这所学校的校长，还有一点"特权"，便向工头申请也吃一顿他们的饭。工头爽快地答应了，并给我盛了一碗大白菜，拿了两个大馒头。我和他们一边说一边吃，不知不觉中消灭个精光。

这顿饭引出我许多联想：他们远离农村老家进城务工，吃的是最简单的饭，干的是最累的活，住的是临时工棚，建的是高楼大厦；农忙季节干他们家的活，农闲时干城里的活。这就是中国农民，中国农民是伟大的。

这顿饭也引出我内心的不平：有人小看农民，甚至把他们与落后、贫穷、保守画上等号。典型的愚昧，极端的无义！他们默默无闻，任劳任怨，付出的是自己的血汗，换来的是社会的亮丽、忠厚、纯朴、勤劳、节俭，这就是中国农民，是值得所有人都尊重的中国农民。

人不能数典忘祖。其实，现代城市人的祖先无不来自农村，因为我们是从农耕社会过来的。现在城市人中的相当一部分人也是刚离开农村，他们的祖辈还在农村。有人说，没有农民，城市将全面瘫痪，这绝非危言耸听。没有粮农，便没有粮食；没有菜农，便没有蔬菜；没有果农，便没有瓜果；没有牧民，便没有肉类……民以食为天，没有了这些，何以度日？

农民的伟大还表现在他们纯朴无华、从不浮夸。"锄禾日当午，汗滴禾下土。谁知盘中餐，粒粒皆辛苦"，展示了从播种到耕耘再到收获的真实画面。农民没有因为辛勤劳作而浮躁不安，也没有因为吃苦受累而放弃劳作。日复一日，年复一年，尽管他们的生活改变得不迅速、不剧烈，但是仍然在追求变革，追求美好。这种朴实的态度、坚韧的精神，除了应该尊敬，更值得学习。

每一个人都应该尊重农民，即使将来实现了农业现代化，农民成了专业的农业劳动者，仍然要尊重农民，因为农业是我们赖以生存的基础。

人要有"弹性"

人要有"弹性",就是人要有勇气,有毅力,无论是成功还是失败,顺境还是逆境,都要平静地面对它,勇敢地挑战它。

有人提出培养有"弹性"的孩子,并把"弹性"列为现代人的素质之一。

我不理解,就去查字典。《现代汉语词典》对"弹性"是这样解释的:物体受外力作用变形后,除去作用力时能恢复原来形状的性质。比喻事物依实际需要可加以调整、变通的性质。

仔细想想,人也经常受到外力的作用,比如生活的压力、经济的压力、工作的压力、学习的压力、人际关系的压力等。任何一个人都不可能处在"真空"里,某个时候都会有某种压力。正因为如此,每个人都会有苦与甜、乐与愁、高兴与悲伤、成功与失败、顺境与逆境、理解与误会、赞扬与指责、拥护与反对等体验。

压力对于所有的人都是必需的。正因有了压力,人才有了动力,从而促进了自身的成长,推动着社会的发展。老师的严格要求是压力，父母的殷切希望是压力，同学的热情友善也是压力，人是在压力中成长的。

压力对所有的人都是公平的。压力是正义的化身，它不会欺弱怕强，也不会偏三向四，对谁都是一样的。聪明的人能把压力变成动力，因此能够宠辱不惊，靠压力形成的动力完善自我。愚昧的人厌恶压力、逃避现实，稍有压力便叫苦连连、知难而退，结果倒在压力下边，也落在了时代发展的车轮后面。

说到"弹性"，我想到了弹簧。我赞赏弹簧，面对压力，不逃避、不喊冤，心如止水，能屈能伸，这种品质不是我们每个人都应该具有的吗？

"弹性"是勇气，也是意志。人的一生有时候会走在铺满鲜花的大道上，有时候会走在荆棘丛生的山路上。铺满鲜花的大道是考验，有的人成功了，顺利了，便背着沉重的包袱，再没有什么作为。荆棘丛生的山路更是考验，有的人迎接挑战，获得了成功；有的人躲避困难，结果成了逃兵。人要有"弹性"，就是人要有勇气、有毅力，无论是成功还是失败，顺境还是逆境，都要平静地面对它，勇敢地挑战它。《孙子兵法》上说："两军相遇勇者胜。"学习、生活、工作上也是这样，面对困难，你软它就硬，你硬它就软，只有勇气才能战胜困难。

再说人要有"弹性"

使自己成为有"弹性"的人，就要从三方面要求、锻炼自己：第一，确立目标，努力向着目标迈进；第二，刻苦学习各种知识，不断提高适应能力；第三，增强团体意识，提高合作能力。

如何使自己成为有"弹性"的人呢？最重要的是从以下三个方面要求、锻炼自己。

第一，确立目标，努力向着目标迈进。人的一生必须有目标，从大处说应有人生目标，从小处说应有各个阶段的目标。目标是方向，也是压力。任何人都是在目标的激励下，迸发出巨大的精神力量，从而实现了目标。我们经常说，作为一个人最宝贵的精神财富是自尊、自强，而自尊、自强的一个重要标志是有理想、有目标，为了实现目标心甘情愿地吃苦受累。所以，根据社会发展需要确立自己的目标，并且把它分解成不同的阶段去实现，是成为有"弹性"的人的重要依据，也是成为对社会有益的人的重要基础。

第二，刻苦学习各种知识，不断提高适应能力。时代发展到今天，无论创造精神财富还是物质财富，单凭辛苦、体力已经远远不能适应了，而必须依靠知识、科学和技术。同样一件产品，为什么有的受欢迎而有的无人问津？毫无疑问，受欢迎的产品科技含量高，是知识在起作用。据说，一棵西红柿苗售价200元，当问及为什么这样贵时，营销人员介绍说：这种西红柿是无土栽培，一年可结果10次，每次5斤，共50斤，既可以观赏，又可以食用，所以要卖200元。你看，知识和科技是何等重要！当然，光有知识还是不够的，还要能把知识运用到实践中，运用知识去解决实践中的问题，才能创造财富。所以，我们既要注重书本知识的学习，又要注重动手能力的培养，特别要注重培养运用知识解决实际问题的能力。只有当你能用知识去解决实际问题时，知识才是财富，知识才能改变命运。

第三，增强团体意识，提高合作能力。当今社会的一个鲜明特点是分工越来越细，协作越来越多，"小而全"已经不适应时代要求，"大而全"也未必能发展，单靠一个人的力量孤军奋战，往往会以失败而告终。大到国际事务，小到家庭生活，只有从大局出发，有合作精神，才能均衡、和谐。所以，既要坚持原则，又要善于妥协，现在提倡的"合作学习"，就是要培养合作精神，今天会合作学习，明天才会合作共事。

法大如天

> 法可以惩治每一个违法的人，也可以保护每一个守法的人。所有的人都应该学法、知法、懂法、守法。学生要从遵守学校的各项规章、制度、纪律做起，从而养成良好的行为习惯，确立知法、守法的法治意识。

人们形容某些事情十分重要时，常常以"天"作比喻。比如，"人命关天"，是说生命的重要；"民以食为天"，是说吃饭的重要；"塌天大祸"，是说闯了天一样的大祸。社会责任感非常强烈的人，把工作看得比天还大，比如常香玉就说过"戏比天大"。我要说，"法大如天"。因为在一个法治的社会，法可以惩治每一个违法的人，也可以保护每一个守法的人。所有的人都应该学法、知法、懂法、守法。

法是国家意志的体现，是由国家制定或认可，用国家强制力保证执行的行为规则的总称，包括法律、法令、条例、命令、决定等。

切莫认为法是管大人的，离我们学生很远。其实法律就在我们身边，所有的人都生活在法治的社会里。如果没有法律，那是不可想象的。正是有了法律，人们的行为才有了规范，生活才能安定，工作才能有序，社会才能发展。天空再大，飞机也规定有航线；宇宙再大，飞船也规定有轨道。作为社会主体的人，生活、工作、学习、交往等也必须具有行为规则，那就是法律。所以，要学法、知法、守法，只有这样，才能既保证自己不受侵犯，又保证自己顺利成长。

在国家法律、法规、法令、条例、决定的统一指导下，各个部门、各个行业、各个单位，甚至有的家庭，都有体现国家意志和社会发展方向的具体化的规章、制度、纪律等，于是便有了家规、班规、校规、行规等。一个人，既要遵守国家法律，也要遵守所在部门的各项规章、制度与纪律，守法与遵纪是一致的。

学生的主要任务是学习，主要活动在学校。为了学生的健康成长，教育部门和学校依据国家法律，制定了许多具体的规定。遵守国家法律不是抽象的、空洞的，而是具体的、现实的，那就是先从遵守学校的各项规章、制度、纪律做起，从而养成良好的行为习惯，确立知法、守法的法治意识。这样做，无论对自己还是对别人，无论现在还是将来，都是十分必要的。

她为什么被提前录取

凡是有所作为的人，都具有良好的综合素质。关注综合素质，提高综合素质，这是一张走向社会的"绿色通行证"。

有一则报道说，2004年复旦大学附属中学高中毕业生汤玫捷被美国哈佛大学提前录取。在400多名考生中，她的考试成绩在100名左右，为什么被提前录取呢？除了考试成绩，还有综合素质，特别是合作意识和进取精神。报道说，招生前一年，汤玫捷曾作为复旦大学附中派出的交流生，在西德威尔高中留学一年。一年中，她每天除了上课学习，还要参加3个小时的体育训练，周末训练的时间达到8小时，于是，成了短曲棍球、长曲棍球、篮球三支球队的主力。

说到爱因斯坦，都知道他是伟大的物理学家，其实他兴趣广泛，还是很受欢迎的小提琴演奏家。说到泰戈尔，都知道他是伟大的诗人、文学家，其实他爱好多样，还是有所建树的化学家。可见，凡是有所作为的人，都具有良好的综合素质。

人的综合素质包括政治素质、思想素质、品德素质、知识素质、能力素质、身体素质、心理素质等,任何一个方面有缺陷都会既影响个人的成功,又影响社会的发展。因为,人,首先是社会人,是在共同物质条件下相互联系起来的人群中的一员,既要向社会索取,又必须为社会奉献。具有综合素质,既是对个人负责,更是对社会负责。每个同学都应该清醒地意识到:关注综合素质,全面提高自己,是对个人与社会共同负责的需要。

提高个人素质要靠学习,这是毫无疑问的。但是,归根结底要靠实践,在实践中体验,在实践中理解,在实践中养成。知识素养是在实践中积累、理解、运用形成的,而不是单凭死记硬背形成的;合作意识是在与人合作中形成的,而不是单靠道理生成的;创新精神是在不断成功又不断失败的过程中形成的,而不是从书本上学来的;良好的心理素质是在战胜挫折的过程中形成的,而不是单凭讲解、安慰所能形成的;健康的体魄是在付出汗水的锻炼中形成的,而不是坐在教室里光说不练所能形成的……

广泛参与各种兴趣活动,在实践中提高自己,关注综合素质,提高综合素质,这是一张走向社会的"绿色通行证"。

粉碎自己

把成绩记在心里、当作起点，向着下一个目标努力的人才是聪明的人、有智慧的人、不断创造辉煌的人。

有人问奥运会金牌得主刘易斯："你是世界上跑得最快的人，你没有了竞争目标怎么办？"刘易斯回答道："我下一步该做的是——粉碎自己。"

好一个"粉碎自己"，刘易斯是高明的。高明之处在于他能够战胜自己，不把成绩当包袱，而把辉煌当起点。粉碎自己，正是为了重塑一个新我。

每个人都有值得回忆和骄傲的辉煌，大人物有大人物的辉煌，小人物有小人物的辉煌，我们学生也有学生的辉煌。比如受到老师表扬是辉煌，考试成绩有进步是辉煌，帮助别人受到夸奖是辉煌，为集体做了好事受到称赞是辉煌，当过班干部是辉煌，得过奖是辉煌，战胜过自己是辉煌，克服过困难是辉煌……不要小看这些辉煌，大辉煌正是由这些无数的小辉煌组成的。

每个人也都有着辉煌的考验。面对荣誉、鲜花、掌声、赞誉、奖励，有的人洋洋自得，腾云驾雾，躺在以往的成绩上睡大觉，从此再没有什么作为；有的人背着沉重的"辉煌包袱"，盛气凌人，不可一世，从此走向人生的反面。然而，多数人还是清醒的、理智的。他们知道，过去的成绩只是过去付出的回报，并不等于永远辉煌。他们总是把过去记在心里，把上一次的成功当作下一次的开始，轻装上阵，全力以赴，所以在人生的路上走得踏踏实实、铿锵有声。

刘易斯说得对，综观世界体育运动成绩，没有哪一项最高纪录是不变的。当人们惊叹 12 秒跑完 100 米时，10 秒跑完 100 米的成绩问世了；当人们为 10 秒兴奋不已时，突破 10 秒纪录的大关又诞生了。科学技术同样如此，仅以火车速度为例，我们就会觉得真正处在一个科技日新月异、飞速发展的时代。原先每小时 60 千米，人们便觉得够快了、方便了。现在经过多次大提速，每小时可以达到 300 千米以上，究竟还能够跑多快，科学技术将会给出明确的答案。

不管取得多少成绩，也不管取得多大进步，任何时候都不要骄傲、不要自满，把成绩记在心里、当作起点，向着下一个目标努力。只有这样，才是一个聪明的人、有智慧的人、不断创造辉煌的人。

由"寒号鸟"想到的

中小学是人生的重要阶段,是处于全面打基础(包括体质基础、知识基础、能力基础、品德基础等)的时期,这一阶段的基础打得好不好,对每个人都是至关重要的。切莫做寒号鸟式的人,贪图安逸,不思进取。

有一种鸟,自己不筑窝,温暖的春夏秋季,随遇而栖。到了严寒的冬季,晚上或栖于其他鸟的废巢,或寄于其他鸟的窝旁,常常发出凄凉的叫声。但是到了白天,太阳出来了,便忘了昨夜的寒冷,仍然是不筑窝,晒太阳。人们给这种鸟起了个名字,叫"寒号鸟"。

自己筑窝是需要吃苦的,选择地方,寻找材料,飞来飞去,自然没有晒太阳舒服。就这样,日复一日、年复一年地过去了,寒号鸟还是没有自己的窝,有的还死在了寒冷的冬季。

由寒号鸟我想到了人,想到了我们人应该从寒号鸟的故事中吸取什么教训。

中小学是人生的重要阶段,这一阶段之所以重要,是因为处于全面打基础的时期，包括体质基础、知识基础、能力基础、品德基础等。这一阶段的基础打得好不好，对每个人都是至关重要的。因为，中小学生精力充沛、思想单纯，正是长身体、长知识的最好时期。这一时期积极的烙印会成为今后人生的催化剂，消极的烙印也会成为今后人生的腐蚀剂。因此，珍惜中小学阶段的教育、打好人生基础，是每个学生面临的课题。

既然是打基础，就必须吃苦受累。事实上，学生面临的压力并不比成年人小，有课业负担的压力、家长期望的压力、社会舆论的压力、同学竞争的压力等。面对压力的唯一选择是正视它、挑战它、战胜它。我们不可能绕开这一个年龄段，也就不可能回避这些压力，正像寒号鸟不可能只有暖洋洋的白天而没有寒冷的夜晚一样。

一位班主任老师介绍经验时曾说过："引导学生认识到对个人负责就是对社会负责。"细细想想，确实蕴含着深刻的哲理：中小学阶段打好了做人、做事、做学问的基础，将来走向社会才能站得直、走得正，堂堂正正地为社会服务。所以，学生时期按照全面发展的目标要求自己，刻苦学习、努力向上，是对个人负责，从长远看就是对社会负责。

切莫做寒号鸟式的人。寒号鸟的教训在于贪图安逸，不思进取，到头来连个栖身之处都没有，只能在凄凉的叫声中度过寒冬。

不必自卑

"打败自己的往往是自己",骄傲和自卑都会打败自己。所以不必自卑,自卑等于自毁;充满自信,自信等于成功。

一个偶然的机会,遇到了一对父子。父亲知道我是一名教育工作者,便向我谈起了孩子的情况。这孩子小学、初中、高中发展都很顺利,但是考大学时碰上了挫折,第一年没有被录取,从此自卑感非常严重,把自己关在房间里苦思冥想,不愿与人交流,更不想与陌生人接触,每天除了吃饭、睡觉,便是一个人孤独地待在房间里,以至于发展到现在的抑郁症。听着父亲的诉说,看看孩子冷漠中透出期盼的眼神,我的心剧烈地疼痛,除了同情、安慰、鼓励,我一时找不到更好的办法。

这让我想起了一个资料上介绍的情况:爱因斯坦上小学时,常因成绩不好而不准按时回家,最后被学校开除了。爱迪生8岁上学时,因听不懂老师的话,被称为"不折不扣的糊涂虫",也是被迫辍学。牛顿上小学时,被看作是"差生",常常受到一些同学的歧视甚至殴打。黑格尔、达尔文、巴尔扎克、拜伦、海涅这些世界级的伟人,上学时都被视为平庸无奇的"差生"。他们这些大师们自卑了吗?没有!正因为没有自卑,发愤努力,才为世人留下了耀眼的光芒。

在人生的道路上,谁都会遇到困难,受到挫折,遇到失败。虽然这是谁也不愿意经受的,但是谁也逃脱不了这一客观规律。在这种情况下,不要自卑,因为自卑不解决任何问题。有人说"打败自己的往往是自己",这话有道理。骄傲,目空一切,会自己打败自己;自卑,一蹶不振,也会自己打败自己。唯有自信,才能战胜困难、经受挫折、减少失败。

在成长的过程中,有的人在某些方面有优势,而在另一些方面却显出了劣势;有的人在某一个阶段进步很快,而在另一个阶段却放慢了脚步。这都是正常现象。当你在某些方面显出劣势时,不必自卑,因为你在另一些方面还有优势;当你在某一个阶段进步缓慢甚至倒退时,不必自卑,因为你曾经有过快速的进步,只要努力,放慢的脚步一定会赶上来的。

不必自卑,自卑等于自毁。

充满自信,自信等于成功。

说"人缘"

与人相处，合作做事，必须具备好的"人缘"。好人缘有这样几个特点：一是具有理解人的胸怀；二是具有尊重人的品格；三是具有宽容人的度量。

所谓"人缘"，科学的解释是泛指人与人、人与事之间发生联系的可能性。人与人之间的联系是为了做事，至于人与事之间的联系，因为是由人来做的，归根结底还是人与人之间的联系，所以统称"人缘"。

平日里，经常有人说"某某人缘很好"，意思是说这个人和气好处，容易共事。也经常有人说"某某人缘不好"，意思是说这个人脾气古怪，不好相处，更难以共事。可见，人缘是和合作共事联系在一起的。学会合作，学会做事，必须具备好的"人缘"。

好人缘有以下几个特点。

一是具有理解人的胸怀。

理解是人与人之间交往的基础，更是合作共事的基础。所谓理解，就是善于换位思考，既敢于发表自己的意见，又善于吸纳别人的意见，不固执己见，不孤芳自赏；就是相信别人，相信绝大多数人心底是善良的，是愿意把事情做好的，不无端猜测，不疑神疑鬼，总是能与人平心静气地相处共事。

二是具有尊重人的品格。

每个人都希望受到别人的尊重，但尊重是有前提的，只有尊重别人，才能受到别人对自己的尊重。尊重人是做人的基本品格，包括尊重别人的个性、尊重别人的习惯、尊重别人的意见等。当别人需要帮助时伸出援助之手是尊重，当别人有错需要纠正时提出善意忠告也是尊重。

三是具有宽容人的度量。

与人相处要大度。什么是大度？大度就是能原谅人、宽容人，包括那些伤害过自己而又认识了错误的人；大度就是既想自己、也想别人，"己所不欲，勿施于人"，肯替别人着想，愿为别人分忧；大度就是不斤斤计较，不怨天尤人，为了整体利益，甚至可以牺牲自己。宽容大度的人，坦坦荡荡，古时候称之为"君子"，现代社会同样需要这种道德品质。

心烦意乱怎么办

> 心烦意乱时，敢于倾诉，虚心听取别人的意见，不仅会心情愉悦，而且能增长见识。

人在遇到不顺心之事的时候都会心烦，大人有大人的心烦，学生有学生的心烦，虽然引起心烦的原因不一样，但是心烦的表现却是相同的。

人在心烦时，不愿意接触人，不愿意交谈，总想独自苦苦思索。然而，心烦时思维又像猫抓了一样紊乱，一会儿想东，一会儿想西，不能集中在一点上加以深刻思考。思维的不集中，又加剧了心烦，就这样形成了恶性循环，越想越烦，越烦越想，严重时甚至陷入不能自拔的境地。

万事如意、事事顺心、一帆风顺、马到成功、心想事成等，只是美好的祝愿，或者是友善的激励。实际上，无论在生活、学习、工作中，谁都会遇到不顺心的事，谁也会有烦恼。问题是如何尽快走出烦恼，摆脱阴影，以新的面貌开始新的生活、学习和工作。

所谓不顺心，是主观愿望与客观现实出现了矛盾，本想得到的没有得到，本想做成的没有做成，本想做好的没有做好。既然是这样，想问题就不能只想主观，还得想一想客观。想一想对客观条件是否全面了解，是不是在情况的了解上出了差错？想一想主观愿望是不是太高了？自己是不是全力以赴了？这样就把问题想活了，既不会自寻烦恼，又能提高自己。

参与集体活动是稀释烦心的极好方法，比如唱唱歌、打打球，参与班级组织的其他集体活动。环境可以改变心情，在集体活动中分散烦心事，集中注意力，依靠集体的力量驱走烦恼，尽快恢复平静的心态。

有了烦心事，和自己的父母、老师或者交往密切的同学倾诉一番，听听他们的看法，是非常必要的。俗话说："旁观者清，当局者迷。"他们是"旁观者"，会客观、冷静地帮助你分析原因，走出困境。成语"不吐不快"和"一吐为快"是长期实践经验的结晶，它告诉我们有什么想法和心事，不要憋在肚子里，那样会很不愉快；只有把它说出来，才会如释重负，轻松愉快。敢于倾诉，虚心听取别人的意见，不仅会心情愉悦，而且能增长见识。

爱心孕育成功

爱心孕育成功。爱心就是理解、同情、尊重和友善。有了爱心，才能认真地对待生活，对待学习，对待工作。

小男孩看着被大风折断的小树伤心，小女孩盯着生病的小猫发愁，见到地上的纸屑捡起来，看到需要救助的残疾人放上一元钱，为身患重病或家庭困难的同学捐出自己的零花钱，给遭受灾害地区的小同伴写去慰问信，老师讲得口干舌燥时倒上一杯水，父母忙得不可开交时帮上一把，别人需要帮助时敢于挺身而出，同学有困难时乐意热情帮助，对战争深恶痛绝、疾恶如仇，对和平无限向往、充满信心……这些都是爱心的表现。

爱心孕育成功。比尔·盖茨是同学们都熟悉的，他就是一位非常有爱心的人。上小学时的比尔·盖茨，经常在课余时间到图书馆帮助整理书籍，后来转到另一所学校，不能整理书籍了，他就显得很不适应。父母决定将他重新转回原来的学校，他又继续帮助整理书籍。比尔·盖茨拥有爱心，所以他成功了，成了世界首富。

拥有爱心并不困难，也不复杂，并不是付出了金钱和物质才是有爱心。爱心其实就是理解、同情、尊重和友善。付出了力所能及的帮助是爱心，表达了深深的敬意也是爱心；为发生的事高兴是爱心，为发生的事悲伤也是爱心。每个人都是在现实中成长的，每个人的爱心也是在现实中形成的。

拥有爱心其实就是承担责任。父母对孩子拥有爱心，是因为父母懂得有责任把孩子养育成人。老师对学生拥有爱心，是因为老师知道有责任引导学生全面发展。工人对产品拥有爱心，是因为工人觉得有责任生产好每一件产品。农民对土地拥有爱心，是因为农民懂得只有对土地拥有爱心才能拥有丰收。战士对祖国拥有爱心，是因为战士清楚保卫祖国是自己的责任。学生爱心的集中表现是什么？是爱学习，学习做人，学习知识，锻炼能力，增强体质。

爱心就是责任心。有了责任心，才能认真地对待生活、对待学习、对待工作。所以，爱心孕育成功。

学会宣泄

兴奋和郁闷的情绪都需要宣泄。最科学、最有效的宣泄方法是交流。

宣泄就是吐露和释放心中的积郁。

由于各种原因,有时候常常觉得苦闷、压抑、愤懑、冤屈,想说又不便于说,不说又觉得如鲠在喉。这是谁都可能遇到的现象,假若出现在你的身上,不必惊慌,而要学会宣泄。

还有另一种情况,有时候异常兴奋,非常激动,热血在沸腾,心花怒放,想说又一两句话说不清,不说又兴奋不已。这是谁也可能遇到的情况,假若发生在你的身上,不要抑制,而要学会表达,表达也是一种宣泄。

牧羊人在山坡上放声高歌或高声呼喊,也许是对孤独的宣泄,也许是对随意乱跑的羊的谴责,也许是对羊群或牧场的赞扬。农民在田间吼几句地方戏,唱几句流行歌,也许是对疲劳的宣泄,也许是对庄稼的赞美,也许是对丰收的企盼。运动员表现卓越,出了成绩时挥舞国旗,击手祝贺,是对兴奋心情的表达;出了差错,表现失常时,长跪不起,以手击地,是对懊悔情绪的宣泄……各人有各人的宣泄方式，需要时及时宣泄出来，对自己是大有好处的。

学生自有学生的郁闷，也有学生的兴奋，特别是有了郁闷时，要学会宣泄。比如，在不影响他人的情形下放声高歌、大声朗诵、快速跑步、打击沙袋、高声呼喊，如果会乐器，演奏几首乐曲，如果会书法，挥洒几幅大字，这些都可以宣泄郁闷，表达兴奋，缓解压力，逐渐使自己恢复平静。

对于兴奋的心情，多数人都会表达。而对于郁闷的情绪，相当一部分人却是不愿意或不会宣泄。建议同学们在苦闷时一定要学会宣泄，不要犹豫，不要拖延，越快越好。最科学、最有效的宣泄方法是交流。所有父母都是爱自己的孩子的，要和父母交流，倾诉自己的苦恼，诉说自己的想法，从父母那里得到帮助。所有老师都是爱自己的学生的，要和老师交流，相信老师会为你指点迷津。每个同学都会遇到苦恼，要和同学交流，听听同学的看法和想法，也许会在同龄人那里获得"灵丹妙药"，使自己走出困境，豁然开朗。

相信自己是聪明的

人们的智慧、聪明程度基本上是相同或相近的，所以要相信自己是聪明的。

有的同学考试不理想，怀疑自己不聪明；上课没听懂，怀疑自己不聪明；某件事没有做好，怀疑自己不聪明……就这样，由怀疑自己到失去自信，最后发展到完全没有了信心。

有失败就怀疑自己不聪明是没有科学根据的，应该相信自己是聪明的。

什么是聪明？聪明就是人的智力因素得到了充分发挥。现代心理学研究表明，人的智力因素包括观察力、注意力、思维能力、想象力、记忆力等能力。智力因素又叫智商、智慧、聪明等。智力是以先天因素为基础的。给我们生一双眼睛，就是让我们观察；生一个大脑，就是让我们思考、想象、记忆。人的智力虽然和后天教育、锻炼以及个人努力有关，但先天因素是基础。研究表明，从先天因素这一角度来说，97%—99%的人智力因素是相同或相近的，只有1%—3%的人智力超常，被人们称为"神童"。这一研究结果告诉我们，绝大多数人的智力因素是相同或相近的，所以要相信自己是聪明的。

除了智力因素以外，每个人都具有非智力因素，包括兴趣、爱好、情感、意志、毅力、行为、习惯、个性等。非智力因素又叫情商。

人与人之间智力因素基本相同或相近，也就是说人们的智慧、聪明程度是基本上相同或相近的。但是，非智力因素却大不相同。有人对天文感兴趣，有人对地质兴趣很大，有人喜欢球类运动，有人爱好水上运动，有人意志、毅力非常坚韧，有人意志、毅力表现得脆弱，有人行动雷厉风行，有人行为优柔寡断，有人做事说话严谨，有人说话做事大大咧咧……这些表现常常给人们留下深刻的印象。

我们经常说的素质教育，就是通过学校教育、社会实践以及各种锻炼，使学生非智力因素非常活跃，智力因素得到了充分开发，学生在思想品德、科学知识、实践能力、心理素质等方面都得到了提高。其中，智力因素和非智力因素的充分开发与挖掘，是实施素质教育的核心。

如何才算聪明

人的智力因素要靠非智力因素开发，非智力因素能激活智力因素，使人成为一个聪明的人、有责任心的人、服务于社会的人。

人的智力因素虽然相同或相近，但是智力因素本身并没有积极性，好比一座金矿埋在那里，尽管异常丰富、异常珍贵，但是需要开发。靠谁开发？靠非智力因素。

比如观察力，任何人都有两只眼睛，都会观察。但是去不去观察，观察起来认真不认真，是要靠兴趣、爱好去调动观察力的积极性的。假如对某件事非常喜欢、有兴趣，不让他去观察他也要去观察；假如对某件事毫无兴趣，让他观察他也不去观察，或者应付差事，很不认真。注意力是一种本能，当意识到一件事与自己休戚相关时，注意力一定很集中；当对某件事、某个人没有兴趣时，精力就会分散，注意力就很难集中起来。同学们可能有这样的体会：当你对某个老师十分敬佩和尊重，或对某门功课非常有兴趣时，上课时注意力就会很集中；反之，注意力就不集中、容易走神。可见，是兴趣、爱好在调动注意力的积极性。有的同学认为自己的记忆力差,其实这种认识是不全面的。通常情况下,人与人之间的记忆力是相同或接近的,但在特殊情况下记忆力就出现了差别。一个人对某件事十分喜欢、有兴趣,他就能记住;反之,就容易淡忘。一个人意志、毅力非常坚韧,不怕吃苦,肯于钻研,他的记忆力就很惊人;反之,只能是蜻蜓点水,模糊不清。可见,是兴趣、爱好调动注意力的积极性,是意志、毅力决定一个人的记忆力。

非智力因素是学生成长时期的催化剂、助推器、发动机。离开学校走向社会,非智力因素对于一个人能否成功,能否适应社会、服务社会也是至关重要的。有人提出了如下一个公式:成功=智力因素×非智力因素。什么意思呢?品德、知识、能力难道不重要吗?不是的。它是从一个侧面告诉我们,在条件基本相同的情况下,成功的关键是非智力因素。比如有的人意志、毅力脆弱,什么事都觉得困难重重,害怕吃苦,这也不想做,那也做不来,尽管他的知识、能力不比别人差,智力因素也与别人相同或相近,但不肯吃苦受累,什么也不敢去做,非智力因素等于零,零乘任何数都等于零,成功也就等于零。

所以,要注重培养广泛的兴趣、爱好,养成良好的行为习惯,锤炼坚强的意志、毅力,具有丰富的情感,修炼高尚的个性。有了这些优秀的非智力因素的品质,它就会激活智力因素,使自己成为一个聪明的人、有责任心的人、服务于社会的人。

如何过好休闲时日

在休闲的时日里，除完成学校安排的活动外，同学们还要有自己的想法，有计划、有选择地参与一下旅游、交流、写日记等活动。

寒假、暑假、双休日、十一长假以及课业以外的时间，都是学生的休闲时日，加起来，每年至少在150天以上。

文武之道，一张一弛。成年人要劳逸结合，学生也要劳逸结合。虽然课业负担是繁重的，但是只有学会休息，才能更好地学习。

如何过好休闲时日？老师有老师的安排，家长有家长的打算，这些都是必要的、正常的。但是自己也要有自己的想法，没有自己的想法，时时、事事被动接受，不仅不情愿，而且很疲劳，本来愉快的休闲很可能变得苦闷、成了负担。为了使休闲时日过得丰富多彩，除完成学校安排的活动外，建议同学们就以下一些内容加以选择，有计划地参与。

1. 旅游。由家长带领或同学结伴参与旅游，感受大自然美丽的风光，体验祖国悠久的古老文化，领略各地的风俗民情，特别是瞻仰革命圣地的红色旅游，会使自己倍加敬仰老一代无产阶级革命先烈，更加珍惜现在的生活，增强自身的责任感和使命感。

2. 参观。就近参观博物馆、文物馆、展览馆或多种展览，在参观中，认识历史，体验文明，增加美感。

3. 实践。协助家长做一些应该做的事情，参与社区或村里组织的一些活动，有条件的还可以到农村、到厂矿去参加劳动，体验劳动的艰辛，爱惜劳动成果，增强劳动感情。

4. 读书。休闲时日里一定要有选择地读书，家里的、外借的、书店的、购买的都可以。假使一年能读 10 本课外书，10 年就是 100 本，那将是一大笔精神财富，会使自己变得更充实。

5. 锻炼。节假日，在家里没有了学校统一的时间安排，常常发生时间错乱现象，该起床不起床，该睡觉不睡觉，这是不科学的。休闲时作息安排可以有一定的弹性，但必须把握好度，尤其要注意体育锻炼，根据自己的爱好和习惯，每天至少应该活动一至两小时。

6. 交流。可以和家人就一个问题交流，也可以约集几位同学就一个主题开展讨论，谈自己见到的情况，说自己的感受，没有什么约束，也可以不下什么结论，在讨论和交流中互通信息，增长知识，开阔眼界。

7. 上网或看电视。上网和看电视已经成了人们生活中必不可少的组成部分。有目的、有计划地上网或看电视，可以获取最新信息，使自己处于现代信息的前沿阵地。但是，一定要做到上网不迷网，看电视有节制。

8. 写日记。写日记或感想对自己是大有好处的：一是可以过滤、分析、归纳、表达自己的感受和感情；二是可以锻炼提高自己的文字表达能力。日记、感想不一定每天都写，但当自己觉得应写时，就把它记下来。如果每年能写 30 到 50 篇，仅中学 6 年，就可以写出 180 篇到 600 篇，这是何等可观，何等有意义的一件事情呀！

父爱母爱都无价

母亲的慈祥是爱,唠叨也是爱;父亲的严厉是爱,无言也是爱。母爱父爱都无价。爱自己的父母,是做人的基本准则。

美国作家克里腾登写了一本《母亲的价格》的书,说母亲的工作如果获得薪水,每年应是6万美元。著名的埃德尔曼财经服务组织经过周密计算,指出如果母亲的工作由出钱人聘用,每年应付63.5万美元,相当于一个大公司总裁的收入。

无论6万美元还是63.5万美元,对中国的孩子来说都是天文数字,对美国的孩子来说同样也是天文数字。母爱无价!

那么父爱呢?同样无价。大约十年前,我读过一个大学生写的关于父爱的文章,虽然时间长了,但主要情节至今仍然清晰地印在脑海里。他写道:放寒假了,我提着换洗的衣物和为家人买的"礼物"回家。那天,大风裹着雪花,从火车站到我家只有五里路,但我足足走了一个小时。快到村子时,远远望去,一个人站在白雪覆盖的山梁上。走近一看,是父亲。我喊了一声"爹",他应了一声"噢",父子俩再也没有说什么。不知道父亲在风雪中站了多久，只看见眉毛、胡子上挂着白霜，刀刻的皱纹横亘在额头上，竖的立在两腮旁，单薄的棉衣遮不住瘦弱的身躯。在家的日子里，母亲说个不停，父亲却话语很少，每天最多的就是两个字："吃饭。"返校时，雪停了，父亲执意要把我送到车站。一路上，父亲没说一句话，快上车时，父亲轻轻迸出四个字："好好学习。"车开了，父亲直直地站在那里，没有说再见，也不会挥手告别，只是眼睛紧紧盯着火车行进的前方。我知道，父亲此时的心情一定很难过，因为火车带走了他的爱。

这是一位普通的父亲，也是一位伟大的父亲，无论深深的皱纹上，还是瘦弱的身躯里，都饱含着对子女无限的关爱。

母亲的慈祥是爱，唠叨也是爱；父亲的严厉是爱，无言也是爱。父母对孩子的爱是尽心竭力、无微不至的，我们何以回报？唯有严于律己，奋发向上。

母爱无价，父爱同样无价。爱自己的父母吧，这是最基本的做人准则。

学会思维

会学就是会思维,就是不仅知道"是什么",而且知道"为什么",还能知道"怎么办"。

前不久,参加了一次课堂教学改革观摩研讨会,许多一线老师的发言对我影响很深、启发很大。其中,大家讨论比较多的是学生的学习方法,与过去相比,这是一个翻天覆地的变化,过去重点是研讨老师的教学方法,而这次变成了学生的学习方法。有的老师说:"教法的本质是学法,所以教给学生学习方法是课堂教学改革的重点。"有的老师说:"教给学生思维比教给学生知识更重要。"有的老师说:"课本上的知识只是一个例子,是学生学会思维的一个载体,引导学生认识知识的过程就是学习思维的过程,重点应该放在过程上,而不应该放在结果上。"

老师们的发言,让我想起了影响很大的两个人的话。爱因斯坦曾说过:"要善于思考、思考、再思考,我就是靠这个学习方法成为科学家的。"比尔·盖茨成名后,有人问他成功的经验,他回答说:"一是勤奋工作,二是刻苦思考。"他们说的思考,其本质就是善于思维。可见,思维无论对成年人还是学生,都是十分重要的，所以要学会思维。

所谓思维，就是在表象、概念的基础上进行分析、综合、判断、推理等理性认识活动的过程。思维的过程，就是对感性的知识加以分析和综合，由此及彼，由表及里，去粗存精，去伪存真，认识事物的本质与规律。分析与综合，是思维的基本过程，概念、判断、推理是思维的基本形式。

在浩如烟海的知识世界里，课本知识只是沧海一粟，或者说只是各个学科最基础的入门知识。学会思维就是要解决"是什么""为什么""怎么办"这三个问题。"是什么"是表象、概念，感知它是思维的基础。"是什么"如果不明确，思维就无从谈起；"是什么"如果模糊不清，思维就会出现混乱。"为什么"是分析、判断，认识它是思维的深化。"为什么"如果不理解，思维就会停顿；"为什么"如果出现差错，思维一定跟着出错。"怎么办"是推理、操作，实现它是思维的应用。"怎么办"如果做不到，思维就毫无意义。

学会是初级阶段，会学是高级阶段。会学就是会思维，就是不仅知道"是什么"，而且知道"为什么"，还能知道"怎么办"。

在实践中形成良好的行为习惯

行为习惯是一个人思想意识的外在表现,也是一个人的名片。无论对成年人还是对未成年人都是重要的。

讲道理对形成良好行为习惯的作用是重要的,它从理论的角度告诉人们应该具有什么样的行为习惯,以及为什么应该具有这样的行为习惯。但是,这只是对良好行为习惯的感性认识和表层理解,真正理解文明的行为习惯,必须通过实践,在实践中感悟,在实践中形成。

人与人之间要互相尊重是一个谁都知道的做人准则。但是,只有当你真诚地尊重别人,才能换来别人对你的尊重;无数次尊重别人,无数次得到别人的尊重时,你才会体验到尊重人的必要,也才会体验到被别人尊重的幸福,从而形成尊重人的习惯。人与人之间要互相帮助也是一个谁都知道的做人准则。但是只有当你帮助了别人,被帮助的人对你报以真诚的感谢时,你才会体验到被人感谢是一种精神需要,也才会自觉自愿地去帮助需要帮助的人。参加田间劳动,出了力、流了汗,体验了劳动的辛苦,才会知道一粒粮、一把菜来之不易，从而形成勤俭节约的习惯；帮助父母料理家务，体验了家务的繁杂与劳累，才知道父母的辛劳，也才会发自心底地理解和尊重父母；付出了努力，取得了优秀的学习成绩，才知道只有认真刻苦才能做好任何一项工作；干渴难耐时才知道水的重要，从而节约用水；体验秀丽的风景，才知道环境的重要，从而自觉保护环境不受破坏……这些都说明，人的良好行为习惯归根结底需要在实践中形成。

同样的道理，不好的行为习惯很大程度上也是在不自觉的实践中形成的。比如吸烟，人本来是不吸烟的，但是有人出于好奇或者经不起诱惑，一次又一次地吸下去，便形成了吸烟这一不好的习惯。一则笑话说，有一个人小偷小摸成性，一天夜里入睡后，翻来覆去睡不着，原因是这一天没有拿回什么东西来。于是起了床，转到邻居家拣回一块半头砖，然后睡着了。假如这个人第一次拿了别人的东西内疚、不安，睡不着，很可能会痛下决心再不拿别人的东西了。正因为第一次没有正面反省，只有反面体验，才养成了不良的行为习惯。

行为习惯是一个人思想意识的外在表现，也是一个人的名片，无论对成年人还是对未成年人都是重要的。中小学生阅历不深、思想单纯、可塑性强，正是行为习惯形成的关键时期。所以，同学们一定要在生活、学习的实践中按照老师和家长的要求，养成良好的行为习惯。

道德是人生通行证

按照道德准则和规范来生活与做事，人们愿意与其合作；背离道德准则和规范，人们必然惧而远之。

有一所中学，在2000年前后每年被录取的本科学生都占毕业生总数的百分之十九左右，这引起了许多人的关注，也促使我下决心去探探其中的"奥妙"。校长告诉我，没有什么"奥妙"，更没有什么"窍门""捷径"，而是做好德育工作，特别是道德建设的结果。接着，他讲述了多年前发生的一件事：学校组织高中三年级的同学到农村参加劳动，回来时正巧遇上了大雨，汽车陷入乡间的泥路里，司机请同学们下去推车，竟没有一个同学响应，原因是怕脏了自己的鞋和裤。这件事传回学校，校长大为震惊，心想，平时那么多大话哪里去了？一个人遇到困难连自己都不愿意救自己，还能够在别人遇到困难时解救别人吗？于是，学校把这一天定为"校耻日"，明确要求教师要有良好的职业道德，对学生负责就是对国家负责。学生要有基本的学生道德，对自己负责就是对社会负责。道德建设调动了师生的积极性，于是便有了教育、教学的高质量发展。校长不无感慨地说：道德好，路路通；道德出了毛病，必然坎坎坷坷。

一次，我和一位也是退了休的老同志打出租车去办一件事，下车付钱后司机问："要发票吗？"他回答："不要。"后来我问他："为什么不要发票，你是可以报销的呀？"他说："我们是私事。"好一个公私分明！多好的道德情操！看着我赞许的目光，他又说："晚年要保晚节，更要讲道德，这样走起路来通畅，睡起觉来踏实。"英雄所见略同。还是和那位校长的话一样：有道德，路路通。从这位老同志不要发票这件事上我领悟到：道德是融化在血液里的一种内在力量，只有善于约束、严于律己的人才能遵循道德规范，成为道德高尚的人。

道德是一种社会意识形态，是人们共同的生活及行为的准则和规范。按照道德准则和规范来生活与做事，人们愿意与其合作；背离道德准则和规范，人们必然惧而远之。

愿同学们加强道德修养，早日领取道德这张人生路上的通行证。